ULRICH
HORSTMANN

# ALLES, WAS SIE ÜBER DAS KAPITAL im 21. Jahrhundert von THOMAS PIKETTY WISSEN MÜSSEN



FBV

**Bibliografische Information der Deutschen Nationalbibliothek**

Die Deutsche Nationalbibliothek verzeichnet diese Publikation in der Deutschen Nationalbibliografie. Detaillierte bibliografische Daten sind im Internet über **http://dnb.d-nb.de** abrufbar.

**Für Fragen und Anregungen:**
horstmann@finanzbuchverlag.de

2. Auflage 2014


ein Imprint der Münchner Verlagsgruppe GmbH
Nymphenburger Straße 86
D-80636 München
Tel.: 089 651285-0
Fax: 089 652096



Redaktion: Claudia Strauf, Matthias Michel
Korrektorat: Desirée Šimeg
Umschlaggestaltung: Maria Wittek, München
Satz: Georg Stadler, München
Druck: CPI books GmbH, Leck
Printed in Germany

ISBN Print 978-3-89879-884-6
ISBN E-Book (PDF) 978-3-86248-658-8
ISBN E-Book (EPUB, Mobi) 978-3-86248-659-5

Weitere Informationen zum Verlag finden Sie unter

www.finanzbuchverlag.de

Beachten Sie auch unsere weiteren Verlage unter
www.muenchner-verlagsgruppe.de

# Inhalt

# Vorwort

Im Frühjahr 2014 erschien *Capital in the Twenty-First Century*, die englische Ausgabe des knapp ein halbes Jahr zuvor veröffentlichten Buchs *Le Capital au XXIe siècle* des französischen Wirtschaftswissenschaftlers Thomas Piketty. Nach der Lektüre dieser schwergewichtigen Untersuchung und der wesentlichen Äußerungen von Befürwortern und Kritikern Pikettys erscheinen mir die kritischen Argumente wesentlich überzeugender:

1. Piketty – wie Karl Marx – bedient vor allem die Sehnsucht der Bevölkerung. Deswegen ist eine Auseinandersetzung mit seinen Thesen für jeden politisch denkenden Menschen geboten, um eine Verführung der Massen zu verhindern.

2. Pikettys Weltformel $r > g$, durchschnittliche Kapitalrendite > Wachstumsrate der Wirtschaft, die seine These von der Kapitalkonzentration begründet, ist ungeeignet, dies zu untermauern. Kapitalbesitzer reinvestieren nur einen Teil der Rendite, ein anderer Teil wird verbraucht, als Steuer abgeführt oder vernichtet. Langfristig ist diese Formel im Gleichgewicht: $r = g$.

3. Keinesfalls gibt es die von Piketty wie Marx behaupteten Gesetzmäßigkeiten. Statistiken können alles oder nichts beweisen.

4. Die wichtigere Frage ist, wie viele Menschen teilen sich die Lohn- und Kapitaleinkommen in welchem Verhältnis bzw. wie kann die

Zahl der abhängig Beschäftigten sinken und die der Vermögensbesitzer steigen? Siehe dazu die Vorschläge unten.

Es kommt bei der als ungerecht empfundenen Verteilungsfrage nicht auf das Verhältnis von Vermögen und Volkseinkommen, sondern auf die Anteile am Volkseinkommen an. Diese Anteile sind zwar im längeren Zeitablauf relativ konstant, können aber proaktiv durch ein progressives Steuersystem und Anreize zur Vermögensbildung zum »Wohlstand für alle« (Ludwig Erhard) verbessert werden, u.a. dadurch, dass:

- mehr Menschen als bisher an den höheren Kapitalrenditen beteiligt werden sollten, z. B. durch Aufbau eines Rentenkapitalstocks oder durch Aktienerwerb und andere Formen von Unternehmensbeteiligungen;

- zusätzlich können auch die Bedingungen für Kapitalbeteiligungen in Arbeitnehmerhand verbessert werden, insbesondere die Tarifpartner sind hier gefragt;

- denkbar sind auch bessere Bedingungen für Unternehmensgründungen, für Selbstständigkeit und eigenständigen Kapitalaufbau der jungen Generation, d.h. mehr vertikale Durchlässigkeit (»vom Tellerwäscher zum Millionär«), und

- schließlich hilft es, wenn die Vermögenden mehr Kinder als die Nicht-Vermögenden haben, weil dann die Erbschaften geteilt werden.

Solche konstruktiven Maßnahmen zur Erhöhung der Beteiligung aller Bürger an den Kapitalrenditen sind allemal besser als eine sozialistische 80-prozentige Einkommensteuer oder eine weltweite Vermögenssteuer, wie Piketty es vorschlägt bzw. es der französische

Präsident Hollande bereits in den ersten beiden Jahren seiner Präsidentschaft – bekanntlich erfolglos – umzusetzen versucht hat. Das käme dazu einer Enteignung gleich und deren effektive Durchsetzung ist nachweislich völlig unrealistisch. Man sollte allerdings fordern, dass die Steueroasen ausgetrocknet und die Steuerschlupflöcher gestopft gehören.

Gerechtigkeit des Staates bei der Setzung einer effektiven Rahmenordnung durch parlamentarische Beschlüsse ist insofern gefordert, als ein »level playing field« für alle Bürger bei den Chancen bestehen sollte, im Laufe eines Lebens zu nennenswertem Kapitaleinkommen zu gelangen.

Es ist ein großer Verdienst des Autors, Dr. Ulrich Horstmann, und des Verlages, den Diskurs über diese Themen durch eine frühzeitige Information und Diskussion der Argumente zu fördern. Was nicht passieren darf, ist – wie in den 1960er Jahren –, dass durch allgemeines Totschweigen oder blindes Ignorieren dieser Debatte aufseiten der Kundigen auf einmal wieder große Teile der Bürger den falschen Propheten und sozialistischen Schlaraffenländern nachlaufen.

Stephan Werhahn, Ph.D. M.Sc.

*Bundesvorstand der Mittelstands- und Wirtschaftsvereinigung der CDU/CSU (MIT) und Delegierter des Bundes Katholischer Unternehmer (BKU)*

# Zur Einführung: Ein Wirtschaftsbuch und sein Hype – eine aktuelle Bestandsaufnahme

Im Frühjahr 2014 ist der französische Wirtschaftswissenschaftler und Hochschullehrer Thomas Piketty mit seinem Buch *Das Kapital im 21. Jahrhundert* auch jenseits der Fachgrenzen international bekannt geworden. Seinen durchschlagenden Erfolg verdankt er dem richtigen Timing, seiner charismatischen Ausstrahlung auf die Besucher seiner Vorträge und seiner leicht verständlichen »Weltformel«. Die ist eingängig und gut vermarktbar. Sein bewusst einfach geschriebenes Buch ist auch für Nichtökonomen gut lesbar. Das erhöht offensichtlich die Auflage und machte das Buch bereits in den USA zu einem Bestseller. Der 43-Jährige wird sogar schon als Kandidat für den Wirtschaftsnobelpreis gehandelt. Seine Forderungen sind derzeit äußerst populär und seine Vortragsreise in den USA wurde zu einem Triumphzug, er selbst enthusiastisch gefeiert und mit historischen Größen wie Alexis de Tocqueville oder Karl Marx verglichen. Nicht zuletzt erinnert der Titel seines Buches an *Das Kapital*, Marx' klassische »Kritik der politischen Ökonomie« des späten 19. Jahrhunderts, das in ähnlicher Weise polarisierte. Zunehmend wird über *Das Kapital im 21. Jahrhundert* und dessen politische Empfehlungen auch in Deutschland diskutiert. Während Pikettys Buch einerseits als ein großer Wurf gefeiert wird, weil das Marxsche ersetzend und die Sozialgeschichte neu schreibend, stoßen seine Untersuchungsergebnisse und die politischen Schlussfolgerungen gleichzeitig auf große Skepsis.

## Worum geht es in dem Buch?

In einer breiten historischen Rückschau bis zu Christi Geburt befasst sich Piketty mit Verteilungsfragen. *Das Kapital im 21. Jahrhundert* ist mehr ein Geschichts- als ein Wirtschaftsbuch über die Entwicklung von Besitz. Ausführlich geht Piketty auf die Entwicklung ab 1700 und vor allem seit Beginn des Ersten Weltkriegs ein. Nach den Umwälzungen durch den Ersten Weltkrieg, die Weltwirtschaftskrise und den Zweiten Weltkrieg sanken die Vermögen der Reichen markant. Es wurde durch materielle Zerstörungen, die höhere Besteuerung und die deutlich gestiegene Inflation massiv verringert. Das Problem der Kapitalakkumulation und -konzentration schien gelöst zu sein. Dies war, so Piketty, eine Illusion. Denn inzwischen haben sich die natürlichen Kräfte, die zur Ungleichheit beitragen – die Akkumulation und Konzentration von Kapital – wieder neu formiert. Erneut wurde Kapital geschaffen und die Kapitalkonzentration erhöht, dieser Trend wird sich nach Piketty wohl auch in der Zukunft so fortsetzen. Als Ausweg bietet sich eine weltweit abgestimmte Erhöhung progressiver Steuern an. Wenn dies nicht geschieht, nimmt die Wahrscheinlichkeit zu, dass die Staaten wieder ihr Heil in protektionistischen Maßnahmen suchen. Auch ein Rückfall in den Nationalismus ist möglich. Die Entwicklungen im 20. Jahrhundert sind Lektion und Warnung zugleich.

Diese von ihm unterstellte zunehmende Ungleichheit führt Piketty auf die Formel $r > g$ zurück.

## Was besagt Pikettys »Weltformel»?

Nach der Formel $r > g$ ist die Verzinsung, im Buch dargestellt als durchschnittliche Kapitalrendite (r = *return on capital*), dauerhaft größer als die Wachstumsrate der Wirtschaft (g = *growth*). Daraus resultiert nach Piketty, dass das Kapital – wir sprechen heute eher von Vermögen – nachhaltig schneller wächst als die Wirtschaftsleistung. Bei Karl Marx entwickelte sich der Kapitalismus selbstzerstörerisch, Piketty erkennt eine steigende und gesellschaftlich problematische Ungleichheit. Vor diesem Hintergrund fordert er anhand seiner neuen, viel diskutierten Weltformel »Umverteilung«, d.h. Vermögenssteuern, Besteuerung von Erbschaften und stark progressiv wachsende Einkommensteuern. Piketty weist immer wieder darauf hin, dass er kein Marxist oder Kommunist sei (im Gegensatz zu seinen Eltern, die als Trotzkisten Ende der 1960er Jahre in Frankreich für die Revolution kämpften).

## Ist seine Formel richtig?

Nein, sie ist falsch, langfristig ist r = g. Hierzu lesenswert ist die Kritik von Prof. Hans-Werner Sinn, der anhand des Beispiels der Aufschüttung eines Erdhaufens zeigt, dass der von Piketty postulierte Zusammenhang nicht richtig ist und allenfalls temporär r > g gilt. Langfristig »konvergiert die prozentuale Wachstumsrate der Menge an Erde, die auf dem Haufen liegt, gegen die Wachstumsrate der Schaufelgröße« (siehe ausführlich weiter unten: 5. »Kritik an Pikettys Thesen«).[1]

## Wie wird die Qualität Pikettys dokumentierter Datenbasis eingestuft?

Diese Frage wird zwar kontrovers diskutiert, in ersten Reaktionen wurde sie als umfassend oder gar beeindruckend angesehen, andererseits wies Chris Giles von der *Financial Times* überzeugend auf Datenmängel hin.[2]

## Sind Pikettys politische Schlussfolgerungen richtig?

Nein, seine Betrachtungen und die präsentierten Ergebnisse – im Wesentlichen die Formel r > g – beruhen auf einer Analyse vor Steuern. Der seit 1914 nennenswert besteuernde und zunehmend umverteilende Staat bleibt weitgehend außen vor. In Europa, vor allem in den Hochsteuerländern Frankreich und Deutschland, ist die Besteuerung der Reichen bereits sehr hoch (und führt zu Abwanderungstendenzen des Kapitals und auch der Bürger). Der französische Präsident Hollande konnte die von Pikettys Ideen inspirierte Reichensteuer (von 75 %!), die er 2012 in den Wahlkampf einbrachte, nicht wie geplant durchsetzen. Umverteilung stößt auch in Demokratien an Grenzen und ist Ausdruck des Freiheitswillens der Bürger. Die Ablehnung der Bürger (auch abgesehen von medialen Inszenierungen wie Gérard Depardieus Beantragung der russischen Staatsbürgerschaft aus Steuergründen) ist dann besonders hoch, wenn Politiker, die vermeintlich populistisch an ihre Wiederwahl denken, nicht in anständiger Weise mit »ihrem« Geld, sprich den Steuern, wirtschaften.

## Breiter Wohlstand durch fairen Wettbewerb – eine bessere Alternative

Nach Ludwig Erhard ist der Markt dann sozial, wenn der Staat freien und uneingeschränkten Wettbewerb garantiert. Eine solche Ordnungspolitik setzt auf Machtkontrolle der Wirtschaft (z.B. durch Auflösung von Kartellen) und bindet die Politik selbst (durch eine unabhängig agierende Notenbank), um die Verschuldung tragfähig zu halten. Interventionismus und gängelnde Fehl- und Überregulierungen für die Wirtschaft sowie ein sozialer Betreuungsstaat, der die Eigenverantwortung schwächt, waren nicht vorgesehen. Wie weit wir uns von diesen freiheitlichen Prinzipien entfernt haben, lässt sich unschwer erkennen, aber nur durch die Rückkehr zu den Prinzipien lässt sich wieder »Wohlstand für alle« schaffen. Die Alternative ist der Rückfall in den umverteilenden, zentralistischen Behördenstaat. Er verteilt dann die wachsende Armut an sozial und demokratisch entrechtete (und vor Not gehorsame) Untertanen. Statt auf den Lenkungsstaat mit enger Führung setzte Erhard auf freie und selbstbewusste Bürger. Er warnte vor geschichtlichen Rückfällen, zumal er einen solchen Staat in den 1930er und 1940er Jahren in Deutschland bis zur Währungsreform selbst miterlebte: »*Eine oft ausschließlich materiell bestimmte Grundhaltung weiter Kreise der Bevölkerung charakterisiert die Lage – 18 Jahre nach Beendigung der größten Katastrophe deutscher Geschichte. Aus diesem Grunde bedeutet es eine wesentliche Aufgabe aller verantwortungsbewußten Kräfte im Lande, jenen Leistungswillen, der uns gerettet hat, für alle Zukunft wachzuhalten.*«[3]

## Über dieses Buch …

Dieses weitaus weniger umfängliche Werk als *Le Capital au XXIe siècle*, das in der französischen Originalfassung fast 1000 Seiten (die englischsprachige Version weist bereits »nur« fast 700 Seiten auf) umfasst, will Pikettys Thesen einer breiten Leserschaft verständlich darstellen und über den aktuellen Stand der Diskussion zu seinen Analysen und Schlussfolgerungen informieren. Nicht zuletzt werden auch alternative Sichtweisen zu seinen Politikempfehlungen genannt.

## … und seine Mitwirkenden

Viele Personen haben an diesem Buch mitgewirkt:

Stephan Werhahn möchte ich danken für die lange und fruchtbare Zusammenarbeit und den inspirierenden Gedankenaustausch – auch als gemeinsame Gründer der »Initiative Europa der Marktwirtschaften«.

Danken möchte ich auch Dr. Luise Gräfin Schlippenbach für wertvolle Ratschläge und Hinweise. Sie ermunterte mich, die vermeintlichen Heilslehren Thomas Pikettys kritisch unter die Lupe zu nehmen und die bessere Alternative, die soziale Marktwirtschaft Ludwig Erhards, deutlich herauszustellen. Als Pressereferentin für Ludwig Erhard war sie Zeitzeugin und hat dazu ein lesenswertes Buch mit dem Titel *Im Wandel stets dabei* (2004) geschrieben.

Mein Kollege Rainer Gross unterstützte mich fachlich und half mir, einen griffigen und verständlichen Buchtitel zu formulieren.

Mein früherer Kollege Dr. Thomas Rehermann, der seit 1998 in Washington, D. C. lebt, bemerkte zum aktuellen Diskussionsstand über Pikettys Buch in den USA, dass Ungleichheit dort als Thema jetzt sehr ernst genommen werde. Der amerikanische Präsident hatte Ungleichheit nach seinem Amtsantritt 2009 erst spät in den Mittelpunkt gestellt, als er hierüber am 6. Dezember 2011 in seiner in den USA viel beachteten Rede in Osawatomie, Kansas, sprach.[4] Das Datum der Rede fiel, nebenbei bemerkt, auf den 100. Jahrestag einer populistischen Rede seines Amtsvorgängers Theodore Roosevelt am gleichen Ort. Der republikanische Präsidentschaftskandidaten Rick Santorum hatte zuvor in einer Debatte im Oktober 2011 darauf hingewiesen, dass die soziale Mobilität in Europa höher sei als in den USA und nannte dies einen Ausdruck einer bedenklichen Fehlentwicklung in den USA. Auch die konservative Heritage Foundation hat nun eine eigene Rubrik »Poverty and inequality« auf ihrer Webseite.[5] In diesem Zusammenhang ist auch der Besuch des Präsidenten der Weltbank, Jim Yong Kim, bei Papst Franziskus im Oktober 2013 zu sehen. Beide stellten die Überwindung der extremen Armut in den Mittelpunkt ihrer Gemeinsamkeiten. Kim verwandte dort auch die Wendung von der »preferential option for the poor«, die in der katholischen Kirche seit 1968 gebräuchlich ist und 1991 von Johannes Paul II. in der Sozialenzylika *Centesimus annus* aufgegriffen wurde.[6] Zu bedenken ist auch, dass noch nie ein Land, das eine hohe Ungleichheit aufweist, den Rang eines »middle-income country« verlassen konnte. Der Vorteil von Gesellschaften mit sozialer Durchlässigkeit und breiten Mittelschichten wird jetzt auch in den USA registriert und kontrovers diskutiert.

Dankbar bin ich erneut der Lektorin Claudia Strauf für die kritische Begleitung des Manuskripts.

Ulrich Horstmann
im August 2014

# PROLOG: ÜBER THOMAS PIKETTY

*»Ich sehe Ökonomie als eine Unterdisziplin der Sozialwissenschaften, an der Seite der Geschichte, Soziologie, Anthropologie und Politikwissenschaften.«*

Thomas Piketty[7]

Thomas Piketty betrachtet die Wirtschaftswissenschaften nicht als isolierte Fachdisziplin. Diese Sichtweise steht in der Tradition der von ihm besuchten Hochschule, der École des Hautes Études en Sciences Sociales (EHESS). Sein Buch *Das Kapital im 21. Jahrhundert* ist vor allem auch die Quintessenz seiner langjährigen Forschungen zum Thema »Umverteilung«.

Ungleichheit führt nach Piketty zu Spannungen und zum politischen Konflikt um Umverteilung von Wohlstand. Dieses Thema scheint fast das ganze Leben des am 7. Mai 1971 in Clichy (nordwestlich von Paris) geborenen Wirtschaftswissenschaftlers geprägt zu haben. So engagierten sich bereits seine Eltern politisch in der trotzkistischen Partei »Lutte Ouvrière« (»Arbeiterkampf«).[8] Sie waren dann wie viele in ihrer Generation enttäuscht, dass die angestrebte Revolution 1968 scheiterte. Die Eltern »stiegen danach aus« und züchteten Ziegen im Département Aude in Südfrankreich, ein »typischer Schwenk linksgerichteter Hippies in der politisch aufgewühlten Zeit«[9]. Die Eltern lebten in Aude extrem einfach und weit entfernt von Pikettys wohlhabenden und konservativen Großeltern in Paris.

## Ein Wanderer zwischen den Welten und das Überspringen einer Mauer

Thomas Piketty wurde damit in seiner Kindheit zu einem Wanderer zwischen zwei politischen Extremwelten. Hier die »weltrettende trotzkistische Revolution«, dort die vermeintliche »gaullistische Mafia«. Piketty spricht nicht gern über sein Elternhaus und verweist auf die geschichtlichen Erfahrungen seiner Generation, den Fall der Mauer, den wirtschaftlichen Zusammenbruch des Ostblocks, den Irakkrieg und so weiter.[10] Während es bei seinen Eltern kärglich zuging, konnte er als Kind bei seinen Großeltern in Paris gutbürgerlich leben. Für ihn war das wie das Überspringen der Ostberliner Mauer (als es sie noch gab) – im Westen lebte es sich gut, aber bei der Rückkehr auf die östliche Seite war wieder alles ganz anders. Dort murrte man über die Ungerechtigkeiten und das Leiden der Unterprivilegierten. Das »Springen über Mauern«, ein Bild, das Piketty damals (2001) zur Beschreibung seiner Kindheitssituation – mit den extrem unterschiedlichen Sichtwelten – gefiel.[11]

Erst Ende der 1970er Jahre verließen die Eltern desillusioniert Aude und kehrten wieder in die französische (Wirtschafts-)Gesellschaft zurück, inklusive »normaler«, d.h. geregelter Arbeit.[12] So ein Elternhaus prägt. Vielleicht kämpft Piketty deshalb (auch) für die Ideale seiner Eltern, auch wenn er sich selbst nicht als Marxist bezeichnet und trotz seiner Beratertätigkeit nicht der Sozialistischen Partei beitrat.[13] Die Zerrissenheit von Pikettys Elterngeneration (sie erfasste durch widersprüchliche Kindheitserfahrungen wohl auch Piketty selbst) im damals politisch extrem polarisierten Frankreich bringt der Untertitel von Jean-Luc Godards Film *Masculin – Feminin* (1966) auf den Punkt: »Die Kinder von Marx und Coca-Cola«.

Der Arbeiterkampf, der Kampf gegen »Bonzen« und damit gegen die Ungleichheit und für Umverteilung, bestimmte auch den damaligen politischen Diskurs, in dem Karl Marx und Leo Trotzki sowie Mao Tse-tung – wie auch an deutschen Universitäten – zu zentralen Leitbildern aufstiegen.

Bereits als 16-Jähriger machte Thomas Piketty 1987 sein Baccalauréat, das ungefähr dem deutschen Abitur entspricht, absolvierte dann ein zweijähriges Vorbereitungsstudium und begann 1989 sein Studium der Ökonomie.[14] Im gleichen Jahr fiel die Berliner Mauer, was auch für den 18-Jährigen ein einschneidendes Ereignis darstellte. 1990 reiste er mit einem Freund nach Rumänien und wurde mit den Folgen der kommunistischen Planwirtschaft konfrontiert.

*»Das immunisierte mich lebenslänglich gegen denkfaule, antikapitalistische Rhetorik, denn wenn du diese leeren Läden siehst, diese Menschenschlangen, die für nichts anstehen … dann wurde mir klar, dass wir Privatvermögen und Märkte brauchen, nicht nur wegen der ökonomischen Effizienz, sondern auch für die persönliche Freiheit.«*[15] Vielleicht sucht Piketty seitdem auch die Synthese aus diesen Welten zu finden? Er entschied sich für eine rein wissenschaftliche, dazu höchst exzellente Ausbildung und verließ den akademischen Elfenbeinturm bis heute nicht; bereits 2001 wurde Piketty als von der Ungleichheit besessener Forscher beschrieben.[16]

## Ungleichheit und Umverteilung

In seiner Dissertation, die er schon als 22-Jähriger abschloss, hat sich Piketty bereits mit dem Thema Umverteilung befasst[17] und später laufend vor allem in französischsprachigen Fachzeitschriften Artikel dazu veröffentlicht. Auch die Titel seiner 1997 und 1999 erschienenen Bücher *L'économie des inégalités* (»Ökonomie der Ungleichheit«) und *Introduction à la théorie de la redistribution des richesses* (»Einführung in die Theorie der Umverteilung von Reichtum«) thematisieren dies schwerpunktmäßig. Ende der 1990er Jahre war Piketty als Forscher allenfalls in der französischen Fachwelt bekannt. Aber schon damals konnte er eine beachtliche Liste von Veröffentlichungen aufweisen, oft in Kooperation mit anderen Ökonomen.[18]

An der Pariser Universität studierte Piketty Mathematik und Wirtschaftswissenschaften. Darüber hinaus befasste er sich – der französischen Tradition entsprechend – neben wirtschaftstheoretischen Modellen auch mit historischen, politischen und soziologischen Fragen. Zu seinen Vorbildern gehörten Gesellschaftsforscher wie der berühmte Soziologe Pierre Bourdieu.[19] Es folgte ein Forschungsaufenthalt in den Vereinigten Staaten, wo er von 1993 bis 1995 als Assistant Professor am renommierten Massachusetts Institute of Technology lehrte. Trotz dieser Erfolge kehrte Piketty mit seiner Frau, der in Harvard promovierten Ökonomin Julia Cagé, wieder nach Europa zurück.[20]

## Die Verbindung von Wissenschaft und gesellschaftlichem Engagement

Piketty wollte nicht nur in seiner Fachdisziplin forschen, sondern sich auch gesellschaftlich einmischen – auch das hat Tradition an französischen Universitäten, insbesondere an der EHESS, deren Direktor er seit 2000 ist (bereits 1995 wurde er Mitglied des Centre national de la recherche scientifique). Piketty baute eine große Datensammlung zur Einkommens- und Vermögensentwicklung auf, die hinsichtlich ihres Umfangs vermutlich einzigartig und offen für alle Forscher ist. Seit 2007 unterrichtet er auch an der Paris School of Economics. Ökonomie ist in Frankreich enger als anderswo mit Politik, Soziologie und Geschichte verbunden, vor allem in Paris, im Zentrum der politischen Macht, wo alle Fäden zusammenlaufen. Für die Sozialistische Partei ist er seit vielen Jahren tätig und beriet z.B. die ehemalige sozialistische Präsidentschaftskandidatin Ségolène Royal im Wahlkampf 2007 gegen Nicolas Sarkozy.

Als Unterstützer der Sozialistischen Partei Frankreichs war Piketty angeblich auch an der Ausarbeitung der Millionärssteuer beteiligt, für die François Hollande im Wahlkampf 2012 eintrat.[21] Dies ist ein traditioneller Reflex französischer Politik. So bildet der Kampf gegen eine zu reiche – vermeintlich dekadente – (Adels-)Oberschicht seit der Französischen Revolution ein Narrativ und quasi einen gesellschaftsbegründenden Akt der Republik. Wie in Deutschland ist der Sozialismus in Frankreich gesellschaftlich traditionell fest verankert – und dazu noch zentral gesteuert (im Gegensatz zu dem pragmatischeren und weniger dogmatischen Politikverständnis in den angelsächsischen Staaten).

Das ist der soziokulturelle Hintergrund des mit missionarischem Eifer ausgestatteten Wissenschaftlers Thomas Piketty. Seine frühe Konfrontation mit den Gerechtigkeitsfragen seiner revolutionär gestimmten Eltern könnte erklären, warum ihm das Thema Umverteilung so wichtig ist. Sein Bestseller *Das Kapital im 21. Jahrhundert* kommt zur richtigen Zeit, und Piketty präsentiert »sein Thema« geschickt an den richtigen Orten, an denen vermeintlich große Politik gestaltet wird. So unterschrieb er ein *Manifest für eine politische Union des Euro* mit Schaffung einer zentralen Steuerinstanz.[22] Wie erwähnt ist Piketty nicht nur Wissenschaftler, sondern auch politisch aktiv. Er will seine Ideen umsetzen, nicht nur in den USA, auch in Europa. So diskutierte er im Rahmen des Europawahlkampfs mit dem SPD-Spitzenkandidaten Martin Schulz und anderen über die Stärkung der Europäischen Union und eine einheitliche Besteuerung.[23]

Noch offen ist, ob sich der amerikanische Triumphzug Pikettys auch in Deutschland wiederholen lässt. Vieles deutet darauf hin. Universell gebildet, mit einem eleganten Englisch, natürlich mit französischem Einschlag, kam er zuletzt in Wien (am 4. Juli, mit Liveübertragung außerhalb der Arbeiterkammer und rund tausend Gästen) bereits sehr gut an, und auch hierzulande wird ihm nicht nur medial schon seit dem Frühjahr 2014 zunehmend die Bühne bereitet.

# Thomas Piketty und *Das Kapital im 21. Jahrhundert*

*»All diese Statistiken über die Ungleichheit, die Sie zitieren, beunruhigen mich sehr.«*

Janet Louise Yellen, amerikanische Ökonomin
und Präsidentin der US-Notenbank Fed[24]

Ungleichheit, so Janet Yellen, seit Februar 2014 Fed-Präsidentin, kann dazu beitragen, dass unterschiedliche Gruppen nicht in gleichem Maße an der Demokratie partizipieren, und die soziale Stabilität beeinträchtigen. Yellen gehört zu den vielen prominenten Stimmen, die Stellung zu Pikettys *Kapital* bezogen haben.[25] In den Vereinigten Staaten wird Piketty mit historischem Bezug auf die Französische Revolution durchaus als »neuer Jakobiner« bezeichnet.[26] Der »neue Robbespierre«, so die *Times*[27], hat auch US-Präsident Obama beeindruckt. Doch nicht nur er soll sein Buch bereits gelesen haben, auch IWF-Chefin Christine Lagarde und Papst Franziskus.[28]

Thomas Piketty ist inzwischen beinahe omnipräsent. Vor allem in der ökonomischen Fachwelt werden seine Thesen – sicher nicht immer ganz freiwillig – zunehmend diskutiert. So hat es Piketty als französischer Ökonom sogar geschafft, in den USA »Kult-Status« zu erlangen. Dort hat sich mit »Occupy Wall Street« seit 2011 eine kritische Gegenbewegung zum angelsächsischen Kapitalismus etabliert, doch bisher fehlte offensichtlich ein intellektueller Kopf, der die Kritik am angelsächsisch geprägten Kapitalismus medienwirksam – und faktenbasiert – und in der Tradition von Karl Marx stehend formuliert (worauf nicht zuletzt der gewählte Buchtitel hinweist). Die Verunsicherung darüber, ob das derzeitige politische und wirtschaftliche System »gerecht« ist, hat inzwischen – nicht nur in den USA – breite Kreise erfasst.

## Wodurch konnte Piketty derart überzeugen?

*Das Kapital im 21. Jahrhundert* traf offensichtlich den Nerv der Zeit – mit leichter Verzögerung: Mit Erscheinen der französischen Originalausgabe *Le Capital au XXIe siècle* Ende August 2013 waren Pikettys Thesen noch nicht gleich *en vogue*. Internationale Bedeutung erlangen derart thematische Bücher nur, wenn sie auch auf Englisch erscheinen, und dies ist bei französischen wie auch bei deutschen Wirtschaftsbüchern eher selten der Fall, selbst wenn sie exzellent sind. Die Deutungshoheit in ökonomischen Fragen liegt in den USA, nicht im vielsprachigen Europa mit differierenden Wissenschaftstraditionen (und unterschiedlichen Politikkonzeptionen) und (noch) nicht in Asien. Der Wissenstransfer konnte nur deshalb gelingen, da Piketty bereits am angesehenen Massachusetts Institute of Technology als Dozent tätig gewesen und entsprechend gut vernetzt war, als im März 2014 die englische Übersetzung seines Buchs in den USA herauskam und im Rahmen von Vortragsveranstaltungen exzellent vermarktet wurde. In den Vereinigten Staaten feierte Piketty Triumphe, er wurde sogar vom amerikanischen Finanzminister und vom Internationalen Währungsfonds eingeladen.

Selten sorgte ein neues ökonomisches Fachbuch für eine solch große Aufmerksamkeit in der Öffentlichkeit. Der Hype um dieses Buch ist völlig ungewöhnlich. So finden neue Veröffentlichungen der Finanz- und Wirtschaftszunft oft nur zögerlich Beachtung, und wenn überhaupt, dann stoßen sie üblicherweise nur bei einem kleinen Kreis entsprechend vorgebildeter Leser auf Interesse. In diesen oft als Elaborate geschmähten Werken wird – im Regelfall – bereits Bekanntes neu interpretiert oder anders formuliert. Es ist dann so wie bei sich eine halbe Ewigkeit hinziehenden Sitzungen, in denen »schon alles gesagt wurde, aber noch nicht von allen«, wie Karl Valentin ganz richtig feststellte. Dem Feedback bei dienstlichen Briefen entsprechend gilt dann: »Gelesen, gelacht, gelocht« – und das heißt so viel wie »bedeutungslos« und allenfalls für einen ganz kurzen Moment Wirkung zeigend.

Dieses Mal ist es angesichts des weltweiten Widerhalls in Politik und Wissenschaft anders. Dieses Mal ist alles anders? Nein, nicht ganz! Verglichen wird Pikettys Buch mit der ebenfalls schwergewichtigen Untersuchung *This Time is Different* der amerikanischen Wirtschaftswissenschaftler Carmen M. Reinhart und Kenneth Rogoff. Der 2009 veröffentlichte, rund 600 Seiten umfassende, aber leicht lesbare »Reißer« entlarvte die gängige Behauptung von Experten bei jeder Wirtschaftskrise: »Dieses Mal ist alles anders«. Offensichtlich eine reine Schutzbehauptung der Beteiligten, und trotzdem wiederholen sich die Muster seit 800 Jahren. Aus Fehlern nichts gelernt? Pikettys Buch weist eine vergleichbare Fülle von Datenmaterial auf, das sogar bis zu Christi Geburt im Jahre 0 zurückgeht,[29] und nutzt auch die historische Analyse, um zu aktuellen Empfehlungen zu kommen, d.h. »aus der Geschichte zu lernen«. Das gute Timing der Standardwerke ist ebenso vergleichbar. Die Reaktion ebenfalls, einschließlich des Vorwurfs fehlerhafter Daten (»Excel-Pannen«, dazu später mehr).

Verglichen wird Piketty auch mit dem französischen Publizisten, Politiker und Historiker Alexis de Tocqueville (1805–1859), der wie Piketty längere Zeit in Nordamerika verbrachte und später sein Hauptwerk *De la démocratie en Amérique* (»Über die Demokratie in Amerika«, 1835/1840) veröffentlichte, sich darin für die Beseitigung der Sklaverei einsetzte und auch eine wichtige Rolle vor und während der Februarrevolution 1848 spielte.

Die aktuellen Vergleiche gehen noch weiter und waren von ihm wohl auch beabsichtigt. Vielfach kam die Frage auf: Ist Thomas Piketty ein »neuer Karl Marx«? Der Titel und der Umfang seines Buchs erinnern wohl nicht zufällig an *Das Kapital*, dessen erster Band 1867 erschien. Piketty hätte sich sicher auch kürzer fassen können – statt in epischer Breite einen mit vielen Wiederholungen und einer Unmenge von Zitaten aus französischen Romanen gespickten Wälzer vorzulegen. So zeigt sein *Kapital* auch hinsichtlich des Umfangs die Schwere, die vielfach mit Bedeutsamkeit gleichgesetzt wird und die Marx' »Original« entspricht. Piketty entschuldigte sich dafür, *»so ein langes Buch geschrieben zu haben«*, fügte aber gleich hinzu: *»Man kann die Geschichte der Vermögensverteilung nicht auf 100 Seiten zusammenfassen.«*[30]

Auch Karl Marx kritisierte die Konzentration des Kapitals in den Händen der Bourgeoisie. Wenn man den klassenkämpferischen Begriff »Bourgeoisie« durch »vermachtetes Kapital« ersetzt und die dazugehörigen Ausführungen insgesamt zeitgemäßer formuliert, klingen Teile der Marxschen Analyse wie aktuelle Kapitalismuskritik.

Auch das klar definierbare »geschlossene Weltbild« verbindet Piketty und Marx in der Tradition des deutschen Philosophen Georg Wilhelm Friedrich Hegel. Karl Popper kritisierte diese Sichtweise, die seines Erachtens für totalitäre Systeme einen theoretischen Rahmen setzt. Poppers »offene Gesellschaft« ist dagegen einem dauernden Prozess von Verbesserungsversuchen und dem Beheben von Irrtümern unterworfen.

Allzu bescheiden ist Piketty nicht. Zwar erinnert der Titel seines Bestsellers ganz bewusst an das Hauptwerk von Karl Marx. Jedoch nicht, weil Piketty daran anzuknüpfen gedenkt, sondern um es sogar zu ersetzen. Wie beiläufig erklärt er: »*Zweifellos fehlte es Karl Marx an statistischen Daten, um seine Vorhersagen zu verfeinern.*«[31] Marx erkannte nach Piketty das Prinzip der unendlichen Akkumulation und der Konzentration des Kapitals. Für diese »eisernen Gesetze des Kapitalismus« liefert er jetzt die Formel: $r > g$. Piketty wäre damit ein neuer Marx mit besserer Datenbasis.

Im Vergleich zu Karl Marx ist es Piketty gelungen – was Marx zu seiner Zeit gar nicht möglich gewesen wäre, nämlich durch geschickte weltweite Vermarktung –, mit seinem Buch eine internationale Öffentlichkeit zu erreichen. Allerdings noch nicht mit der französischen Originalfassung aus 2013, sondern erst mit der englischen Übersetzung aus dem Frühjahr 2014. Einerseits finden natürlich französischsprachige Fachbücher in den angelsächsischen Ländern keinen Massenabsatz. Aber wichtiger, und das ist wohl der entscheidendere Punkt: Die englische Version ist deutlich besser als das französische Original. Die englischsprachige Ausgabe enthält einen Index, der ein Durcharbeiten nach bestimmten Fachfragen möglich macht. Der Hauptverdienst aber kommt der gelungenen Übersetzung von Arthur Goldhammer zu. Das Buch liest sich einfach besser als das Original. Da Piketty selbst laufend historisch-literarische Bezüge herstellt, war es eine gute Idee, die Übersetzung einem ausgewiesenen Experten für große französische Literatur zu übertragen. Arthur Goldhammer ist seit 1977 in diesem Metier tätig und übersetzte bisher über 120 französische Bücher, darunter Klassiker von Alexis de Tocqueville (*De la démocratie en Amérique* /*Democracy in America* und *L'Ancien Régime et la Révolution* / *The Old Regime and the Revolution*; für letztere Übersetzung gewann er den FAF Translation Prize 2011), Albert Camus, Émile Zola und Marguerite Duras[32]. Das erleichtert die Lektüre des Buches, das phasenweise an einen Roman erinnert. Piketty selbst wollte »mehr ein Geschichtsbuch als ein Wirtschaftsbuch« schreiben, in dem es um die »Geschichte des Besitzes« geht.[33] Das »neue« –

professionell übersetzte – Buch dokumentiert universelle Bildung mit historisch-literarischen Bezügen. Es ermöglichte den Amerikanern eine bisher so nicht gekannte Art, Wirtschaftslektüre zu erleben, ganz unabhängig vom Inhalt.

Vor allem gut situierte US-Intellektuelle in den Küstenstädten lesen sein Buch, wohl nicht so sehr die vermeintlich Benachteiligten des Systems. Sogar Paul Krugman und Joseph Stiglitz, beide Nobelpreisträger, loben Piketty.[34] Nach Krugman handelt es sich um »das wichtigste Wirtschaftsbuch womöglich des Jahrzehnts«,[35] es bedeute einen echten Gezeitenwechsel. Es werde die Ökonomie verändern und damit die ganze Welt.[36] Eine »intellektuelle Sensation«, ist das Buch laut der *New York Times*. Piketty wird bereits für den Nobelpreis gehandelt.[37]

Auch in der deutschen *taz* fällt der Begriff »grandios«, es werde eine »Fülle an Beweisen dargelegt«. Deprimierend empfand der Rezensent allenfalls den Determinismus der »relativen Verelendung« der breiten Masse im Vergleich zu den Kapitalbesitzern und bedauerte die Negativsicht Pikettys der 1920er bis 1950er Jahre (ein »Unfall« der Geschichte) und lobte die *»bewusste, planmäßige Politik von engagierten Männern und Frauen – Präsident Roosevelt, Sozialdemokraten, Gewerkschafter, progressiver Ökonomen und vieler anderer«.*[38]

Piketty polarisiert – wie Karl Marx – und wird die politische Auseinandersetzung nach dem Vorbild der späten 1960er und frühen 1970er Jahre, die 1968 ihren Höhepunkt erreichte, neu beleben (vermutlich gestützt durch die Übernahme elterlicher Wertvorstellungen). Die heftigen kritischen Reaktionen auf seinen Bestseller zeigen dies. Der amerikanische Radiomoderator Rush Limbaugh nannte ihn einen *»französischen, sozialistischen, marxistischen Kommunisten-Ökonomen«.*[39] Das Feedback ist entweder deutlich ablehnend oder es werden Lobeshymnen gesungen. Dazwischen gibt es wenig.

## Die neue »Bibel der Systemveränderer» in der Tradition von Karl Marx?

Pikettys Buch könnte zu einer »Bibel der Systemveränderer« werden. Jetzt schwappt der Hype nämlich auch auf Europa und nicht zuletzt, wie gesehen, auf Deutschland über – ein Land, in dem sozialkritische und reichenfeindliche Thesen üblicherweise auf fruchtbaren Boden fallen. Eine derartig breite Anerkennung, wie Piketty sie derzeit erfährt, blieb Karl Marx lange versagt – zumindest am Anfang (zur Zeit des *Manifestes der Kommunistischen Partei* 1848) und auch noch in der Zeit des 1867 erschienen ersten Bandes von *Kapital*. Bis heute umstritten und wegen seiner radikalen Thesen politisch verfolgt, lange allenfalls bekannt in linksintellektuellen Kreisen, die der Arbeiterbewegung nahestanden, blieben Marx als politischem Außenseiter die Hinterzimmer der Macht verwehrt.

Wirklichen, dann aber sehr zweifelhaften Erfolg angesichts der Umsetzung seiner Ideen, hatte Marx erst nach seinem Tod mit der russischen Oktoberrevolution 1917 und dem folgenden Aufstieg des Kommunismus. Angesichts dieser Historie[40] ist die Bezugnahme auf Marx zu hinterfragen. Dies betrifft nicht nur Piketty selbst, sondern auch viele Interpreten des neuen Werks, die den französischen Ökonomen geradezu als Heilsbringer für die Systemüberwindung sehen. Die Saat – auch für radikal sozialistische Veränderungen nach altem Vorbild – ist jedenfalls gelegt. Piketty erklärt die ökonomischen Weltzusammenhänge einfacher (und charismatischer) als Marx, inhaltlich gibt es Ähnlichkeiten.

So wurde Pikettys »Weltformel« r > g mit der Folge, dass das Vermögen dauerhaft schneller zunimmt als die Wirtschaftsleistung, auch schon von Marx anhand seines Gesetzes von der wachsenden organischen Zusammensetzung des Kapitals postuliert.[41] Obwohl also inhaltlich nicht wirklich neu, wird die Weltformel jetzt im Zuge des Hypes um Piketty wieder zu einer Diskussionsgrundlage. Mit Karl Marx verbindet Piketty auch der emotional missionarische Eifer, der dementsprechend die jeweiligen Schriften durchzieht. Nicht nur die Analyse, auch die Schlussfolgerungen fallen ähnlich aus, wenngleich weniger radikal als bei dem deutschen Philosophen.

So war nach Marx mit der zunehmenden Verarmung der Arbeiterklasse ein revolutionärer Umsturz unausweichlich. Marx erwartete ein apokalyptisches Ende des Kapitalismus. Piketty sieht zwar in der Geschichte Gesetzmäßigkeiten, misstraut aber solch einem Determinismus. Er warnt, hält aber mehrere Entwicklungen für denkbar.[42] Wie Piketty argumentierte Marx historisch und beschrieb die Arbeiterkämpfe in den Industriegesellschaften als notwendige Schritte für den Sieg der Arbeiterklasse bzw. des Proletariats. Die Losung hieß: »Proletarier, aller Länder, vereinigt Euch!« Zentrale Planung und Internationalismus waren seine Lösungswege. Karl Marx verachtete demokratische Kleinstaaterei.

Thomas Piketty sieht derzeit den sozialen Frieden bedroht und fürchtet den Rückfall in Protektionismus und Nationalismus. Piketty fordert – obwohl dies, wie er selbst einräumt, schwerlich umsetzbar ist – eine **international** harmonisierte »Reichensteuer«.[43] Das klingt nicht so umstürzlerisch revolutionär wie bei Karl Marx. Es handelt sich auch nur um eine Reformidee, um das vermeintliche Auseinanderdriften von »Arm« und »Reich« in der Welt zu stoppen und – wenn möglich – wieder rückgängig zu machen. Wie Karl Marx sieht Thomas Piketty aber auch die Politik in der Verpflichtung, für »Gerechtigkeit« zu sorgen, die der Markt selbst nicht schaffe.

Diese Positionen sind umstritten und nicht neu, auch nicht in kapitalismuskritischen Büchern. Zu nennen ist hier etwa Hyman P. Minsky, der sich vor allem mit der Frage der Instabilität des Finanzsektors auseinandersetzte. Auch Piketty sieht Instabilität, aber fokussiert sich auf die Frage der Ungleichheit.

## Eine alte Frage neu belebt - Markt- oder Politikversagen?

Handelt es sich mehr um Markt- oder Politikversagen? In seinem Buch plädiert Piketty eher dazu, den Kapitalismus durch die Tendenz, Ungleichheit zu verschärfen, zu reformieren (nicht zu überwinden). Den Staat prangert Piketty eher weniger an, formuliert aber in einem jüngsten Medienbeitrag Politikversagen: *»Die politische Architektur der EU ist ein Monster«.*[44] Die in seinem Buch vorgeschlagenen Steuererhöhungen - trotz der bereits erheblichen Umverteilung, die Piketty außen vor lässt - würden dem Staat eine noch deutlich größere Rolle zuweisen. Eine weitgehende Enteignung der Reichen und Entlastung bei den unteren Einkommensbeziehern wären die Folge. Das »Robin-Hood-Prinzip« wirkt verlockend.

Überwiegendes Politikversagen postulieren die Kritiker als tatsächliche Basis der Analyse und verweisen auf das Scheitern sozialistischer Experimente. Wenn wirtschaftliche Leistungsanreize fehlten, wirke sich das negativ auf den Wettbewerb aus. Kollektive Verarmung droht danach, wenn die Umverteilungsschraube überdreht wird. Liberal-Konservative betonen daher im Gegensatz zur traditionell linken/sozialistischen Sichtweise, dass die Funktionsfähigkeit der Märkte nicht durch politische Maßnahmen gestört werden darf.

Machtbegrenzende Regeln sollen sowohl die Wirtschaft (Kartellkontrolle) als auch die Politiker (unabhängige Notenbank) binden. Sie verweisen auf die Ordnungspolitik einer Sozialen Marktwirtschaft als Gegenmodell zum Manchester-Kapitalismus. Diesen ungezügelten Kapitalismus kritisierte Karl Marx aus sozialpolitischen Gründen zu Recht (das ist heute weitgehend unbestritten). Während Marx in den westlichen Staaten, auch bestätigt durch Wahlen, keine nennenswerte Referenz für die Politikgestaltung wurde - zumal sich die Sowjetunion nach dem Ersten Weltkrieg bis in die 1980er Jahre als zentraler, dann gescheiterter Gegenentwurf des westlichen »Laisser-faire«

auf Marx bezog – war dies bei John Maynard Keynes anders. Im Gegensatz zu Pikettys *Kapital* wurde seine 1936 erschienene *General Theory of Employment, Interest and Money* (»Allgemeine Theorie der Beschäftigung, des Zinses und des Geldes«) weitgehend nur in Fachkreisen diskutiert und interpretiert. In Krisen suchen Politiker in der akademischen Welt nach Rettungsankern, die Hilfe für überschuldete Haushalte anbieten. Piketty kommt da heute gerade recht, genauso wie Keynes von Politikern vor allem ab den 1970er Jahren als Referenz missbraucht wurde, um das Wachstum anzukurbeln. (Mithilfe von Pikettys Thesen und Vorschlägen könnten dann die durch eine vorsätzliche Fehlinterpretation von Keynes' Abhandlung entstandenen Staatsschulden »korrigiert« werden.) Pikettys Buch wird ja tatsächlich auch mit Keynes in Verbindung gebracht, allerdings wurde dessen *General Theory* nie ein Bestseller, wohl auch nicht verstanden. Ludwig Erhard beschrieb den Missbrauch Keynes' durch Politiker treffend: *»Ich möchte glauben, dass sich Keynes im Grabe herumdrehen würde, wenn er wüßte, dass seine Epigonen aus ihm einen Zauberkünstler machen wollen, der durch einen kreditpolitischen Trick das Unheil tragischer Jahre über Nacht zu heilen vermöchte.«*[45]

Keynes (der selbst an der Börse spekulierte) sah Ungleichheit und deren Besteuerung offensichtlich nicht als vorrangiges Problem und begrüßte die Investitionen der Reichen als Bestandteil des Kapitalismus: So hätten Reiche ihr überschüssiges Geld im 19. Jahrhundert auch zu Lebzeiten verprassen können, was sie nicht taten und was wohl auf noch größere Kritik gestoßen wäre.[46] Es ist nicht unsozial, zu investieren. Ludwig Erhard kritisierte die Neidkultur[47] und stufte – im Gegensatz zur sozialistischen Sichtweise – die Ergebnisse des Marktes als sozial ein, wenn der Staat weitestmöglichen Wettbewerb durch eine Anti-Kartell- und eine unabhängige, stabilitätsorientierte Notenbankpolitik garantiert. Sozialpolitik kann nur subsidiär gelingen. Der ausufernde Sozialstaat macht Bürger dagegen wieder zu sozialen Untertanen. Protektionismus und Nationalismus lassen sich nur durch freie, offene Märkte überwinden – in Verbindung mit einem freiheitssichernden politischen Fair Play der Staaten untereinander. Davon sind wir, am Rande bemerkt, weit entfernt, auch in der umverteilenden Politik der EU.

## Historische Bezüge: 1776 (USA) und 1789 (Frankreich)

Weitere zentrale Anknüpfungspunkte für Piketty sind die amerikanische Unabhängigkeitserklärung 1776 sowie die Französische Revolution 1789 mit ihrem Grundsatz »Liberté, Égalité, Fraternité« – »Freiheit, Gleichheit, Brüderlichkeit«. Diese Losung wird heute auch durch »Freiheit, Gleichheit, Solidarität« oder »Freiheit, Gerechtigkeit, Solidarität« ersetzt. Der Begriff »Solidarität« ist im Gegensatz zur traditionellen Bezeichnung »Brüderlichkeit« geschlechtsneutral und damit nach heutigen Vorstellungen »politisch korrekt«.

Nun zum Inhalt des ebenso viel gepriesenen wie kritisierten Buches. Zuvor eine Anmerkung: Für die Inhaltsangabe in den folgenden Kapiteln 1 bis 4 stütze ich mich weitgehend auf die m. E. sehr gelungene Kurzzusammenfassung von A. D. Thibeault, *An Executive Summary of Thomas Piketty's »Capital in the Twenty-First Century«*, die die wesentlichen Aussagen von Pikettys Buch einem nicht fachlich geschulten Leserkreis leicht verständlich näherbringt. Piketty gliedert sein Buch in vier Teile:

1. Einkommen und Kapital (Income and Capital, S. 37 ff.)

2. Die Dynamik von Einkommen und Kapital (The Dynamics of the Capital/Income Ratio, S. 111 ff.)

3. Die Struktur der Ungleichheit (The Structure of Inequality, S. 235 ff.)

4. Die Regulierung des Kapitals im 21. Jahrhundert (Regulating Capital in the Twenty-First Century, S. 469 ff.)

Grob folgt auch A.D. Thibeault dieser Gliederung. Im Folgenden wird jedoch eine zwar ähnliche, aber m.E. verständlichere Einteilung gewählt, die pragmatisch der aktuellen Diskussion in Deutschland folgt. Die folgende Einleitung bezieht sich auf Piketty und Thibeault (jeweils am Anfang ihrer Bücher), die historische Analyse in Kapitel 2 auf den zweiten Teil bei Piketty und Thibeault (Part II, S. 19 ff.), Pikettys Weltformel in Kapitel 3 vor allem auf den dritten Teil bei Piketty (bei Thibeault Part I, S. 6 ff.) und die politischen Empfehlungen von Thomas Piketty in Kapitel 4 auf Pikettys vierten Teil (bei Thibeault Part III, S. 35 ff.).

## 1. Einleitung – Worum geht es in dem viel diskutierten Buch?

*»Die Menschen sind und bleiben von Geburt frei und gleich an Rechten. Soziale Unterschiede dürfen nur auf Gemeinnutz basieren.«*

Artikel 1 der *Erklärung der Menschen- und Bürgerrechte* der französischen Nationalversammlung (1789)

Den Satz *»Soziale Unterschiede dürfen nur auf Gemeinnutz basieren«* zitiert Piketty direkt zu Beginn der Einleitung seines Buches *Das Kapital im 21. Jahrhundert* und spannt damit den Bogen bis zur Zeit der Französischen Revolution. Bei diesem Satz, dem ersten Artikel der *Erklärung der Menschen- und Bürgerrechte*, handelt es sich um noch heute gültiges Verfassungsrecht in Frankreich. Angesichts dieses Mottos werden Pikettys umfassende Recherchen in den gewünschten politischen Kontext gerückt. Ungleichheit und Kapitalismus werden von Piketty nicht grundsätzlich abgelehnt, solange sie auf Gemeinnützigkeit beruhen (S. 31). Dabei analysiert er vorrangig die Vermögensverteilung und stuft sie als einen der kontroversesten Streitpunkte der Gegenwart ein.

## Hatte Karl Marx oder Simon Smith Kuznets recht?

Dazu stellt Piketty folgende Fragen: Was wissen wir wirklich über die langfristige Entwicklung der Vermögensverteilung? Führt die Dynamik privater Kapitalanhäufung unausweichlich zur Kapitalkonzentration in immer weniger Händen, wie Karl Marx im 19. Jahrhundert glaubte? Oder führen – im Gegensatz zur Auffassung von Marx – die ausgleichenden Kräfte des Wachstums, des Wettbewerbs und des technischen Fortschritts zu einer Verringerung von Ungleichheit und einer größeren Harmonie unter den Klassen, wie Simon Smith Kuznets im 20. Jahrhundert meinte? Was wissen wir wirklich darüber, wie sich Wohlstand und Einkommen seit dem 18. Jahrhundert entwickelten, und welche Schlüsse lassen sich daraus für uns heute ziehen? Dies sind die Fragen, die Piketty mit seinem Buch *Das Kapital im 21. Jahrhundert* beantworten will, einem umfassenden, knapp 700 Seiten starken Werk (böswillige Kritiker würden vielleicht von einem Elaborat sprechen).

## Umfassendes Datenmaterial und ausgedehnte historische Analyse

Die Fokussierung auf diese Fragen durchzieht Pikettys ausgedehnte historische Analyse. Dazu sammelt er seit vielen Jahren Daten zur Ungleichheit und forscht dabei auch gemeinsam mit Kollegen, vor allem mit Anthony Atkinson (Senior Research Fellow am Nuffield College in Oxford) und Emmanuel Saez (Professor für Wirtschaftswissenschaft an der University of California Berkeley) und analysiert mithilfe von Computermodellen eine große Anzahl von Wirtschaftsdaten und Steuerlisten aus 20 Ländern, darunter die USA, Kanada, Deutschland, Frankreich, Japan, Australien. Auf Grundlage dieser Datenbasis zeigt Piketty, wie sich die Ungleichheit in den Agrargesellschaften des 18. und frühen 19. Jahrhunderts und während der Industriellen Revolution und bis 1914 entwickelte. Er beschreibt die folgenden Zäsuren bei der Einkommens- und Wohlstandsentwicklung seit dem Ersten Weltkrieg über die Zwischenkriegsjahre über den Zweiten Weltkrieg bis zur frühen Nachkriegszeit. Die verheerenden Ereignisse haben die Vermögensungleichheit reduziert. In den frühen Nachkriegsjahren hat das politische Prozedere einer erneuten Vermögensungleichheit entgegengewirkt. Der Dammbruch kam erst in den 1980er Jahren. Die seitdem anhaltende Phase mit der Finanzialisierung durch den zunehmenden Einfluss der Finanzmärkte in der westlichen Welt erhöhte die Ungleichheit dann wieder.

So sind nach Pikettys Ansicht die Einkommen der Reichsten in den letzten 30 Jahren extrem gestiegen, während die Einkommen der großen Bevölkerungsmehrheit stagnierten. Dies führte bis heute zu einer Vermögensungleichheit in den entwickelten Staaten, wie man es seit dem Vorabend der Weltwirtschaftskrise nicht mehr gekannt hat.

Diese Vermögensungleichheit wird von Piketty und seinen Anhängern als große Gefahr empfunden. Mit Verweis auf die Occupy-Bewegung wird das Thema der wachsenden Ungleichheit als sozialer Sprengstoff beschrieben. Pikettys Buch *Das Kapital im 21. Jahrhundert* will aufrütteln – es drohe die Rückkehr zu Protektionismus und Nationalismus, die letztlich in niemandes Interesse läge.

Nach Piketty wächst das Kapital (und damit der Reichtum, den es erzeugt) schneller als die Wirtschaft, selbst in kapitalistischen Gesellschaften. Damit wird Kapital zunehmend wichtig und gesellschaftspolitisch einflussreich. Neben dem schnelleren Kapitalwachstum kritisiert Piketty die Konzentration des Kapitals in wenigen Händen. So sind seiner Ansicht nach Superreiche in der Lage, einen höheren Gewinn aus ihren Kapitalinvestitionen zu erzielen. Daher würde der Kapitalismus ohne Korrektur einen hohen Grad an Vermögensungleichheit schaffen.

Der natürlichen Tendenz zur Vermögensungleichheit wirkten in den Zwischenkriegsjahren zu einem großen Teil die Folgen des Krieges und die Weltwirtschaftskrise entgegen, große Reichtümer wurden so zerstört. Nach dem Ende des Zweiten Weltkriegs erreichte die Ungleichheit in der entwickelten Welt einen historischen Tiefstand, führt Piketty aus.

Danach aber nahm das Kapital seine natürliche Neigung zur Akkumulation wieder auf. Noch konnten politische Gestaltungsmaßnahmen dieser Tendenz erfolgreich entgegenwirken: progressive Besteuerung, Mietpreisbindung, steigende Mindestlöhne, erweiterte Sozialleistungen und andere. Die Ungleichheit konnte sich somit nicht erneut so schnell ausbreiten.

In den 1980er Jahren setzte jedoch die Finanzialisierung ein. Liberalisierungsschritte und niedrige Steuern, das Infragestellen des Sozial- und Wohlfahrtsstaates ließen die Ungleichheit wieder anwachsen. Vor diesem Hintergrund erscheint sie Piketty heute besorgniserregend zu sein – wie vor dem Ausbruch der Weltwirtschaftskrise 1929 –, und er geht sogar von einer weiteren Zunahme der Kapitalakkumulation und -konzentration aus, mit der Folge noch weiter steigender Ungleichheit.

Piketty sieht die Ungleichheit als ungerecht an. Mit dem weiteren Wachstum der Ungleichheit würde es zunehmend wahrscheinlicher, dass auch große Teile der Bevölkerung sie ebenfalls als ungerecht beurteilen.

Die angemessene Lösung, so Piketty, wäre eine stärkere progressive Besteuerung der Superreichen. Angesichts der finanziellen Globalisierung ist die internationale Umsetzung jedoch schwierig, wenn nicht gar unmöglich. Hier weist Piketty auf den bestehenden kräftigen Wettbewerb um Kapital hin. Dies zeigten auch die Steuerparadiese. Trotzdem sei es den Versuch wert, ein entsprechendes Steuermodell international durchzusetzen. Ansonsten drohe die noch besorgniserregendere Alternative einer Rückkehr zu Protektionismus und Nationalismus. Das läge wirklich in niemandes Interesse.

## 2. Pikettys historische Analyse

*»Wie ich bereits feststellte – und im Folgenden häufig zeigen werde – ist die Geschichte von Einkommen und Vermögen immer eine zutiefst politische Frage, sie ist chaotisch und unberechenbar. Wie die Geschichte verläuft, hängt davon ab, wie Gesellschaften Ungleichheit beurteilen und welche Art von Politik und Institutionen sie verwenden, um dies zu messen und zu verändern.«*

Thomas Piketty[48]

Zum besseren Verständnis der historischen Analyse von Einkommen, die sich nach Piketty »chaotisch und unberechenbar« entwickeln, zunächst einige Vorbemerkungen:

### Über das Entstehen von Reichtum

Reichtum entsteht nach Piketty aus Einkommen und Vermögensübernahme durch Erbschaft. Das Einkommen besteht aus Arbeits- und Kapitaleinkünften. Ersteres *»Einkommen aus Arbeit«* betrifft *»Löhne und Gehälter und alle weiteren arbeitsabhängigen Vergütun-*

*gen«*, letzteres »*Einkommen aus Kapital*« umfasst »*Mieten, Zinsen, Dividenden, Kapitalgewinne und alle sonstigen Einkünfte durch Kapitalbesitz*«. Das Kapitalvermögen wird untergliedert in »*Anleihen-, Aktien- und sonstigen Besitz von Produktionsmitteln sowie Immobilienbesitz*«.

Das so entstandene Vermögen kann entweder für »*Konsumzwecke verwendet*« oder »*gespart*« werden. Während Konsum das Vermögen senkt, ist mit dem Sparen ein mehr oder minder großer Ertrag verbunden, der das Vermögen entsprechend vergrößert.[49]

Eine weitere Unterscheidung ist hier wichtig. So befindet sich Kapital in jedem Land entweder in »*Privat- oder Regierungsbesitz*« (neben Mischbesitz). Der Gesamtkapitalwert entspricht der Summe aus Privatkapital (minus private Schulden) und öffentlichem Kapital (minus öffentliche Schulden).

Ein Teil des Kapitals wird für Geschäftsgründungen oder -erweiterungen sowie für andere unternehmerische Aktivitäten verwendet. Kapital ist damit auch ein wichtiger Treiber für Wirtschaftswachstum, das Piketty als »*dynamisches*« *Kapital* bezeichnet – im Gegensatz zu der – von ihm kritisch beurteilten »*Kapitalansammlung in wenigen Händen*«.[50] Diese Vermögenszusammenballung erhöht nicht nur die soziale Ungleichheit, sondern wirkt sich aus Pikettys Sicht auch demokratiegefährdend aus. Die Kapitalkonzentration ist nach Piketty eine normale Entwicklung des Kapitalismus ohne staatliche Eingriffe. Natürliche Tendenzen in solchen kapitalistischen Systemen ließen Kapital immer weiter akkumulieren.

Die von Piketty verwendete Messgröße für die Einschätzung der relativen Bedeutung des Kapitals in den jeweiligen Gesellschaften ist die »*Kapital-Einkommens-Relation*«.[51]

Einkommen entsteht, wie bereits ausgeführt, durch Arbeit und Kapital – einschließlich des Nettoeinkommens durch Besitz von ausländischen Gütern. Genauer eingegrenzt wird hier das gesamte Kapital einer Gesellschaft durch ihr jährliches Gesamteinkommen geteilt. Das Einkommen entsteht aus der hier während eines Jahres hergestellten und verkauften Waren. Das Kapital entsteht aus dem Vermögensaufbau der Vorjahre.

Die Kapital-Einkommens-Relation wird mit dem griechischen Buchstaben $\beta$ bezeichnet. Wenn zum Beispiel das Gesamtkapital eines Staates sechs Jahre des nationalen Einkommens umfasst, ist $\beta = 6$ (oder 600 %).

Pikettys historische Analyse reicht zurück bis zum Jahr 0 (Christi Geburt), denn aus seiner Sicht begann der Kapitalismus *»schon weit vor der Industriellen Revolution«*; diese Botschaft durchzieht sein Buch.[52]

## 0 bis 1700

Beginnen wir daher mit den Jahren 0 bis 1700. Aussagekräftige Statistiken dazu existieren nicht, aber Piketty setzt für diese lange Zeitperiode eine wirtschaftliche Leistungssteigerung von 0,1 % jährlich an, die dem Bevölkerungswachstum entspricht (ebenfalls +0,1 % jährlich). Dadurch blieb die wirtschaftliche Leistung pro Kopf unverändert. Dies änderte sich erst mit dem Eintritt in die Industrialisierungsphase (dazu später ausführlicher). Die wirtschaftliche Leistung wird heute üblicherweise mit dem sogenannten Bruttoinlandsprodukt (BIP) gemessen. Ab dem Jahr 1000 bis 1500 skizziert Piketty ein etwas höheres Wachstum und in der Phase von 1500 bis 1700 erneut eine höhere positive Veränderungsrate, die aber noch deutlich unter dem explosionsartigen Wachstum der zweieinhalb Jahrhunderte von 1700 bis 1950 liegt (das er wieder in mehrere Teilphasen aufgliedert). Siehe dazu die Grafik:[53]

http://piketty.pse.ens.fr/files/capital21c/en/pdf/F2.5.pdf

(Die in *Capital in the Twenty-First Century* enthaltenen Grafiken sind im Internet frei aufrufbar. Unter http://piketty.pse.ens.fr/files/capital21c/en/Piketty2014FiguresTablesLinks.pdf finden Sie die Übersicht mit Links zu den einzelnen Schaubildern. Die im Weiteren Verlauf genannten Links führen jeweils zu den im Zusammenhang mit den Ausführungen stehenden Grafiken.) Den Agrargesellschaften unterstellt Piketty eine Kapitalrendite von vier bis fünf Prozent. Dies ist eine grobe Schätzung nicht zuletzt anhand von Romanliteratur, da eine bessere Datenlage noch nicht vorlag.[54]

**1700 bis 1913**

Deutlich ausführlicher argumentiert Piketty erst ab 1700, nicht zuletzt aufgrund der besseren Datenlage, bleibt aber auch hier zunächst vage. In den europäischen Gesellschaften im 18. und frühen 19. Jahrhundert wurde Kapital fast ausschließlich im Zusammenhang mit Ackerland und Staatsanleihen verwendet. Hierzu führt Piketty aus: *»Als Honoré de Balzac [französischer Schriftsteller, 1799–1850; UH] und Jane Austen [englische Schriftstellerin, 1775–1817; UH] zu Beginn des 19. Jahrhunderts ihre Romane schrieben, war die Natur des Reichtums allen Lesern relativ klar. Vermögen schien zu existieren, um Zinsen zu erbringen, also verlässliche, regelmäßige Zahlungen an die Eigentümer bestimmter Güter, bei denen es sich im Allgemeinen um Grund und Boden oder um öffentliche Anleihen handelte.«*[55]

Nach Piketty lag die jährliche Rendite – wie bereits erwähnt – beim Landbesitz, aber auch bei den öffentlichen Anleihen bei durchschnittlich vier bis fünf Prozent: *»Die durchschnittliche Ertragsquote von Grundbesitz in ländlichen Gesellschaften liegt typischerweise bei vier bis fünf Prozent. In den Romanen von Jane Austen und Honoré de Balzac* *ist die Tatsache, dass Grund und Boden (genau wie Staatsanleihen) einen Ertrag von ungefähr fünf Prozent des investierten Kapitals erbringen … so selbstverständlich, dass sie häufig gar nicht erwähnt wird.«*[56]

In Honoré de Balzacs Roman *Vater Goriot* aus dem Jahr 1835 fand Piketty offensichtlich den Dialog, der seiner Hauptthese entspricht: das Gespräch zwischen dem mittellosen jungen Adligen Eugène de Rastignac und dem Verbrecher Vautrin. Letzterer versucht Rastignac von dem Gedanken abzubringen, Medizin oder Jura zu studieren, weil er damit in seinem ganzen Leben nicht das Geld verdienen könne, das er sofort erhalte, wenn er die schüchterne Erbin heiratet, die sich in ihn verliebt hatte.[57]

Die Wirtschaftswachstumsrate ist in agrarisch geprägten Gesellschaften laut Piketty sehr niedrig, das galt auch noch für das 18. und frühe 19. Jahrhundert in Europa. Vor dem Hintergrund der großen Abweichung zwischen der Kapitalrendite und der Wachstumsrate ist nach Piketty die Kapital-Einkommens-Relation sehr hoch und lag für Frankreich und Großbritannien bei sechs bis sieben, d. h. das Sechs- bis Siebenfache des Einkommens.[58]

### *Niedrige Besteuerung*

Die Besteuerung war in Europa extrem niedrig und entsprach noch weitgehend dem biblischen Zehnt. Und die Abgabenquote auf Einkommen einschließlich Kapitaleinkünfte lag bei lediglich fünf bis zehn Prozent und damit weit von der Abschöpfungspraxis heutiger Regierungen entfernt. Die damaligen Steuersätze waren üblicherweise immer gleich, immer fünf bis zehn Prozent, und das unabhängig davon, ob kleine oder große Beträge zu versteuern waren. Den Agrargesellschaften war Umverteilung nicht bekannt, die Richtschnur bildete der Zehnt. Statt dieser proportionalen Besteuerung wurden ab Ende des 19. und Anfang des 20. Jahrhunderts progressive Steuersätze und damit die Umverteilung bei der Erhebung öffentlicher Abgaben eingeführt. Thomas Piketty deutet diesen Sachverhalt so, dass man davon ausgehen müsse, dass das Kapital in Europa stark konzentriert und ungleichmäßig verteilt war. Dies sei auch der Fall gewesen. Eine Vermögensaufteilung von einem Anteil von bis zu 90% für das oberste Zehntel und wenigstens 50% für das oberste Hundertstel (der reichsten Bürger) war charakteristisch für die traditionellen Agrargesellschaften gewesen, so im Ancien Régime Frankreichs oder im England des 18. Jahrhunderts.[59]

Selbst besonders gut bezahlte Arbeitnehmer (hochrangige Beamte, Rechtsanwälte, Richter) verdienten durch ihre Arbeit oft weniger als Besitzer von Kapital, die gut von den daraus erzielten Erträgen leben konnten und zudem als Erben profitierten.

Mit Beginn der Industriellen Revolution im 19. Jahrhundert traten deutliche Veränderungen auch bei der Bewertung des Kapitals ein. Industriegüter gewannen an Wert, während Ackerland an Bedeutung verlor. Die Folge waren sinkende Preise, auch im Zuge von entsprechenden Kapitalumschichtungen. Über die Industrieinvestitionen in den Mutterländern hinaus bauten die führenden europäischen Staaten wie Frankreich und Großbritannien im 19. Jahrhundert ihre wirtschaftlichen Aktivitäten in ihren Kolonialgebieten aus. Ackerland in Europa war nicht mehr die bevorzugte Anlage, sondern ausländische Wirtschaftsgüter und die aufstrebende Industrie, vor allem in Großbritannien:[60]

http://piketty.pse.ens.fr/files/capital21c/en/pdf/F3.1.pdf

http://piketty.pse.ens.fr/files/capital21c/en/pdf/F3.2.pdf

Die entsprechenden Angaben für Deutschland umfassen nicht wie für Frankreich und Großbritannien den Zeitraum 1700–2010, sondern nur 1870–2010, der relative Wertrückgang für Agrarflächen zeigt sich aber auch hier deutlich:[61]

http://piketty.pse.ens.fr/files/capital21c/en/pdf/F4.1.pdf

Trotz der veränderten Kapitalaufteilung (zwischen Agrarland, Auslandsvermögen, das im Falle Deutschlands durch den geringen Kolonialbesitz im Gegensatz zu Großbritannien und Frankreich keine Rolle spielte, Wohngebäuden und sonstigem inländischem Besitz) und trotz der gewaltigen Veränderungen durch die Industrialisierung im 19. Jahrhundert blieb nach Piketty die gesamte Kapital-Einkommens-Relation kaum verändert und lag ungefähr im Verhältnis 7 zu 1 bzw. 700 %. Darüber hinaus blieb Wohlstand nach Piketty im 19. Jahrhundert ungleich verteilt und mit der Industrialisierung stieg die Kapitalkonzentration sogar etwas. Die unterstellte Beschleunigung der Ungleichheit betrifft die Zeitspanne zwischen 1880 und 1913.

### *Hohe Ungleichheit in der Belle Époque in Frankreich …*

So besaß in Frankreich zu Beginn des 19. Jahrhunderts das oberste Zehntel der Vermögenshierarchie bereits zwischen 80 % und 85 % des gesamten Vermögens; an der Wende zum 20. Jahrhundert waren es dann sogar fast 90 %. Die Endphase der Belle Époque war demnach eine Periode massiver Ungleichheit, vor allem in Paris. In der französischen Hauptstadt mit einem Bevölkerungsanteil von nur einem Zwanzigstel der Gesamtbevölkerung des Landes war zwischen 1900 und 1910 die Vermögenszusammenballung extrem hoch. Paris beanspruchte trotz des geringen Bevölkerungsanteils rund ein Viertel des Vermögens:[62]

http://piketty.pse.ens.fr/files/capital21c/en/pdf/F10.1.pdf

http://piketty.pse.ens.fr/files/capital21c/en/pdf/F10.2.pdf

### *... und in Großbritannien*

Die zusehends auseinandergehende Schere zwischen Arm und Reich zeigte sich auch in Großbritannien im spätviktorianischen Zeitalter (Königin Victoria starb 1901) und erreichte nach Pikettys Daten den Peak im Jahr 1910:[63]

http://piketty.pse.ens.fr/files/capital21c/en/pdf/F10.3.pdf

Vor dem Hintergrund der ungleichen Vermögensverteilung und der vermuteten zunehmenden Schere zwischen Arm und Reich fragt Piketty, wie weit die Konzentration des Vermögens ohne den Ausbruch des Ersten Weltkriegs noch gewachsen wäre. Der Weltkrieg vernichtete vor allem das Vermögen der Reichen.

### *Vernichtung großer Vermögen in Europa durch den Ersten Weltkrieg und seine Folgen*

Hinsichtlich der Vermögensvernichtung im Zuge des Erstens Weltkriegs gilt das Gleiche für Frankreich und Großbritannien wie auch für Deutschland. Infolge der Urkatastrophe des Jahrhunderts ging die Kapital-Einkommens-Relation, die vorher relativ stabil bei 7 (= 700 %) lag, auf etwa 3 (= 300 %) zurück:[64]

http://piketty.pse.ens.fr/files/capital21c/en/pdf/F4.5.pdf

Reiche verloren durch die Wertlosigkeit ihrer Kapitalanlagen (Grund und Boden, Industrievermögen, Staats- und Kriegsanleihen, Aktien) deutlich überproportional.

Eine Darstellung der Vermögenskonzentration in Deutschland in entsprechender Form wie für Großbritannien und Frankreich findet sich in Pikettys Buch allerdings nicht; der Schwerpunkt seiner Betrachtungen liegt naturgemäß auf Frankreich, aber auch auf Großbritannien und den USA.

## Die Vereinigten Staaten von Amerika und Europa im 18. und 19. Jahrhundert

Piketty etikettiert Europa für diese Zeitperiode als »altes Europa« und stellt es der »Neuen Welt Amerika« gegenüber. (Der Ausdruck »altes Europa« geht auf eine Äußerung des damaligen US-Verteidigungsministers Donald Rumsfeld zurück. Im Zusammenhang mit der Weigerung Frankreichs und Deutschlands, die USA 2003 bei der Führung des Irakkriegs zu unterstützen, erklärte Rumsfeld: »Sie denken bei Europa an Deutschland und Frankreich. Ich nicht. Ich glaube, das ist das alte Europa.«[65]) Der Ausdruck »altes Europa« ist auch in den USA geläufig und wurde daher wohl bei der Übersetzung des Buches übernommen; ich verwende ihn hier bei der Zusammenfassung von Pikettys Buch ebenfalls für die Phase bis zum Ausbruch des Ersten Weltkriegs.

In den USA waren die ankommenden europäischen Einwanderer in der Regel zunächst weitgehend mittellos. Gleichzeitig waren riesige potenzielle Agrarflächen verfügbar, die zunehmend urbar gemacht wurden. Kapital spielte in den USA im 18. Jahrhundert noch keine große Rolle. Das Kapital-Einkommens-Verhältnis bis zum Jahre 1810 lag nur bei drei bzw. 300 %:[66]

http://piketty.pse.ens.fr/files/capital21c/en/pdf/F4.6.pdf

### *Auch in den USA steigt die Kapital-Einkommens-Relation im »Gilded Age«*

Im 19. Jahrhundert jedoch bot der Beginn der Industriellen Revolution eine Vielzahl neuer Möglichkeiten zur Kapitalgewinnung. Im weiteren Verlauf des Jahrhunderts stiegen daher der Umfang und die Bedeutung des Kapitals. Mit der zunehmenden Nutzung von Grund und Boden und der Schaffung von Industriebesitz stieg die Kapital-Einkommens-Relation von drei bzw. 300 % im Jahr 1810 auf fünf bzw. 500 % 100 Jahre später in der Spätphase des »Gilded Age«, das nach der Beendigung des Sezessionskriegs 1865 bzw. der Wiedereingliederung der Südstaaten ab 1877 begann:[67]

http://piketty.pse.ens.fr/files/capital21c/en/pdf/F4.6.pdf

Die Lücke bei der Kapital-Einkommens-Relation zum »alten Europa« wurde damit teilweise geschlossen, sodass das nationale Kapital im Jahre 1910 zwar beachtlich gestiegen war, Europa aber noch nicht eingeholt hatte. Bis zum Ersten Weltkrieg war der alte Kontinent mit Großbritannien an der Spitze immer noch führend in der Welt, vor allem das Welthandels- und Finanzzentrum London.

Im Vergleich zu Großbritannien, das als British Empire für die »Pax Britannica« stand – einschließlich der Nutzung der Kolonialgebiete –, war Amerika nie in dem gleichen Ausmaß durch Kolonien geprägt. Das nationale Vermögen war aber von 1770 – hier beginnt die dargestellte Zeitreihe – bis 1880 in abnehmendem Umfang noch durch die Sklaverei geprägt. 1770 war der Wert der Sklaven dabei genauso hoch wie der des Farmlands:[68]

http://piketty.pse.ens.fr/files/capital21c/en/pdf/F4.10.pdf

In den USA war aber das Wachstum – nicht zuletzt durch das Bevölkerungswachstum, das mit Einwanderung und Auswanderung aus dem »alten Europa« einherging, deutlich höher als im alten Europa. Dieser Effekt wirkte sich wachstumsverringernd – und damit in Pikettys Interpretation positiv auf die Kapital-Einkommens-Relation aus.

Dennoch stieg das Verhältnis im Verlauf des 19. Jahrhunderts in der sich entwickelnden westlichen Führungsmacht und damit auch die ungleiche Vermögensverteilung, wenn auch auf niedrigerem Niveau als in Europa:[69]

http://piketty.pse.ens.fr/files/capital21c/en/pdf/F10.6.pdf

## Die Zwischenkriegsjahre 1914 bis 1950: Kapitalverluste der Reichen und die Verringerung der Ungleichheit

Die materiellen Zerstörungen des Krieges waren enorm. Die Zwischenkriegsjahre waren von den verheerenden Auswirkungen geprägt, die diese Jahre auf das Vermögen hatten – auch bezüglich des Abbaus der ungleichen Reichtumsverteilung. Dieser Effekt war in Europa deutlicher ausgeprägt als in den USA. Nach dem Ersten Weltkrieg stellten die Vereinigten Staaten klar die Führungsmacht vor den europäischen Staaten dar, auch wenn London vorerst noch das Weltfinanzzentrum blieb.

### *Trotz enormer materieller Zerstörungen bleiben die Vermögensverluste der Reichen begrenzt*

Ein wesentlicher Teil des privaten Vermögens wurde durch den Krieg in Europa schlicht zerstört (einschließlich Gebäude und Industrieausrüstung). Dies wirkte sich entsprechend auf das gesamte Vermögen aus. Dennoch können nach Piketty die materiellen Kriegszerstörungen nur einen Bruchteil des Kapitalverlusts zwischen 1914 und 1945 erklären. So betrug der Wert des nationalen Kapitals in Großbritannien, Frankreich und Deutschland 1913 das 6,5- bis 7-Fache (650–700 %) des Einkommens. Bis 1950 sank der Wert auf etwa 2,5 (250 %). Auch bei der Kalkulation der durchaus großen Zerstörungen, z. B. im Ersten Weltkrieg im nordöstlichen

Teil Frankreichs, und den noch größeren Verwüstungen im Zweiten Weltkrieg mit flächendeckenden Bombardierungen in den Jahren 1944 und 1945 wurde nach Piketty nur relativ wenig Kapital zerstört. So wurde – alles in allem – in **Frankreich** angeblich Kapital im Wert von fast einem nationalen Jahreseinkommen vernichtet, was nur ein Fünftel bis ein Viertel des gesamten Rückgangs der Kapital-Einkommens-Relation erklärt.

In **Deutschland** belief sich der entsprechende Rückgang auf 1,5 Jahre – etwa ein Drittel der gesamten Einbußen. Natürlich war die Kapitalvernichtung groß, sie erklärt aber nur teilweise den massiven Kapitaleinbruch. Die materiellen Zerstörungen in **Großbritannien** waren ohnehin weniger flächendeckend. Sie waren unbedeutend im Ersten Weltkrieg und machten weniger als 10 % des nationalen Einkommens aufgrund der deutschen Bombenangriffe im Zweiten Weltkrieg aus. Dennoch sank das nationale Kapital Großbritanniens um vier nationale Jahreseinkommen (oder das mehr als 40-Fache der materiellen Verluste durch die Kriege) und damit – auch das ist erstaunlich – insgesamt im gleichen Ausmaß wie in Frankreich oder Deutschland.

### *Steigende öffentliche Verschuldung …*

Ein weiterer Faktor, der diesen massiven Rückgang erklärt, ist nach Piketty die gestiegene öffentliche Verschuldung. Als der Erste Weltkrieg ausbrach, nahmen die Regierungen Kredite zulasten wohlhabender Bürger auf, die letztlich den Krieg finanzierten. Ihr Kapital wurde in Staatsschulden umgewandelt, formal bestanden die Forderungen weiter. Um die Verschuldung nach dem Ersten Weltkrieg wieder abzubauen, erhöhten erstens die Staaten u.a. die Einkommen- und Erbschaftssteuern oder druckten zweitens Geld, was zu einer erhöhten Inflation führte. Dies zusammen enteignete die wohlhabenden Bürger weitgehend (Reiche wurden erstmals so massiv besteuert wie nie zuvor in der Geschichte und verloren durch die Entwertung der Staatsanleihen ihre privilegierte Vermögensposition.

### *... und höhere Besteuerung*

Die Steuersätze waren bis vor dem Ersten Weltkrieg auch bei Spitzeneinkommen und hohem Vermögen relativ niedrig, was mehr oder minder überall galt. In der Nachkriegszeit zogen die Steuern sowohl in Großbritannien als auch in Frankreich, Deutschland und den USA deutlich an. Diese Besteuerung war progressiv ausgerichtet. Das heißt, Vermögende mussten höhere Steuersätze verkraften. Diese Abgabenbelastung traf damit das Kapital der Vermögenden substanziell, d.h. enteignungsgleich.

In **Frankreich** beispielsweise waren die Einkommen mit einem Maximalsteuersatz von nur zwei Prozent belegt, den nur eine ganz kleine Minderheit zahlen musste.[70] Erst nach dem Ersten Weltkrieg kam die Besteuerung richtig in Schwung. Der Höchstsatz wurde den veränderten politischen und gesellschaftlichen Verhältnissen angepasst und auf eine Abgabenquote von 50 % im Jahr 1920, dann auf 60 % 1924 und sogar auf 72 % im Jahr 1925 hochgeschraubt, ein Spitzenwert.

**Deutschland** war fiskalpolitisch aus Sicht von Piketty fortschrittlicher und hatte bereits vor dem Ersten Weltkrieg eine progressive Einkommensteuer eingeführt – mit entsprechend höherer Abschöpfung größerer Einkommensbeträge. Wie in Frankreich explodierte die Steuerbelastung durch den Ersten Weltkrieg. Lag der Steuersatz in Preußen 1891 bis 1914 noch stabil bei maximal drei Prozent, legte er im Kriegsverlauf 1915 bis 1918 moderat auf vier Prozent zu, bis er 1919/20 auf 40 % förmlich explodierte und sich damit verzehnfachte (aber damit noch niedriger als in Frankreich war).

Das veränderte politische Umfeld, nicht zuletzt durch die über die Kriegsschulden hinausgehenden Reparationen (an die Siegermächte des Ersten Weltkriegs) machte die Steuerbelastung der Bürger erforderlich.

In **Großbritannien** stieg der steuerliche Maximalsatz von 8 % kurz vor dem Ersten Weltkrieg auf über 40 % nach dem »Großen Krieg«, wie man ihn zeitgenössisch nannte.

Eine steil steigende progressive Einkommensteuer wurde, so Piketty, in den **Vereinigten Staaten** eher akzeptiert. Der Maximalsteuersatz wurde auch erst nach Kriegsende 1918/19 nach oben angepasst. Er legte auf 67 % und dann sogar auf 77 % zu:[71]

http://piketty.pse.ens.fr/files/capital21c/en/pdf/F14.1.pdf

Aber nicht nur die Einkommen-, auch die **Erbschaftssteuern** entwickelten sich nach dem Ersten Weltkrieg dynamisch nach oben. In Frankreich legte der Erbschaftssteuersatz von 7 Prozent vor dem Krieg auf 30 % zu, in Deutschland von 0 % auf 35 % und in Großbritannien von 15 % auf 40 %. In den Vereinigten Staaten war eine Steuer auf Erbschaften vor dem Ersten Weltkrieg ebenfalls kaum erhoben worden und stieg danach überraschend schnell sogar auf 40 %. Reiche mussten massive Rückgänge ihres Kapitalvermögens in Kauf nehmen:[72]

http://piketty.pse.ens.fr/files/capital21c/en/pdf/F14.2.pdf

### *Steigende Geldentwertung/Inflation*

Der andere – zusätzliche – Weg für die Staaten, die hohe Schuldenlast loszuwerden, war das Drucken von Geld mit der Inkaufnahme einer steigenden Inflation, nachdem die langjährig bis zum Beginn des Ersten Weltkriegs bestehende Konvertierbarkeit des Papiergeldes in Gold staatlicherseits unterbunden wurde – die Kriegsfinanzierung forderte ihren (destabilisierenden) Tribut.[73]

Nach Piketty bedienten sich alle Staaten in gewissem Umfang der Druckerpresse, um ihre enormen öffentlichen Schulden wieder in den Griff zu bekommen. Der zunehmende Geldumlauf führte zu einer entsprechenden Inflation. Staatsanleihenbesitzer erhielten immer weniger für ihr Geld, die solche öffentlichen Anleihen haltenden »Rentiers« wurden schleichend enteignet. Die Inflation nahm in Frankreich bedrohliche Ausmaße an: So lag die jährliche Geldentwertung zwischen 1913 und 1950 bei über 13 % pro Jahr. Doch damit ist Frankreich noch weit stabiler als Deutschland von 1913 bis 1950 mit einer Inflationsrate von 17 % jährlich. Der Unterschied erklärt sich nicht zuletzt durch die Hyperinflation in den 1920er Jahren und die zunächst nicht sichtbare Inflation bei der Finanzierung des Zweiten Weltkriegs.

In Großbritannien und den USA, die personell und materiell relativ wenig Schäden und politische Destabilisierung durch die beiden Weltkriege zu verkraften hatten, war die Geldentwertung mit fast drei Prozent pro Jahr signifikant niedriger (ebenfalls im Zeitraum zwischen 1913 und 1950).

**Mietpreisbindungen**[74], d. h. die Kappung der Mietpreise nach oben, gehörten zu den weiteren regierungsseitigen Eingriffen, um der Destabilisierung in Europa nach dem Ersten Weltkrieg Herr zu werden. Auch dies hatte Folgen für die Kapitalbesitzer, hier die Immobilieneigner.

Der Wert der Immobilien verfiel, die Mietpreisbindung führt zu historischen Miettiefstständen. Mietpreisbindungen wurden im Zuge der massiv gestiegenen Inflation vor allem in den frühen 1920er Jahren üblich. Andere Preise stiegen dagegen weiter deutlich, sodass die Immobilieneigner besonders hart getroffen wurden und das Wohnen de facto durch den enteignungsgleichen Eingriff (mit entsprechendem Preisverfall bei den Objekten) subventioniert wurde.

### *Der Börsenkrach 1929 und die Folgen der Weltwirtschaftskrise*

Mit dem Börsenkrach von 1929 und der folgenden Weltwirtschaftskrise wurde die zwischenzeitliche Stabilisierung, die vor allem in den USA in einen Wirtschaftsboom überging, wieder beendet. In wenigen Tagen wurden Anleger, die sich reich wähnten und auch auf Kredit Aktien orderten, von dieser Illusion wieder befreit. Die massive Vermögensvernichtung ging einher mit dem Bankrott vieler Banken und Unternehmen. Die Auswirkungen waren aber noch breiter. Das Vertrauen in die Kapitalmärkte war angesichts der Kursturbulenzen getrübt, die langanhaltende wirtschaftliche Depression ergriff alle Lebensbereiche. Der bisher praktizierte Kapitalismus ohne Regeln und der private Vermögensbesitz wurden infrage gestellt.

Die Regierungen der entwickelten Staaten setzten daraufhin auf die erhöhte Besteuerung von Kapitalgewinnen. Der Kapitalismus wurde durch Regulierungen und sogar Verstaatlichungsmaßnahmen – nach Piketty vor allem in den USA – gezügelt, das Privatkapital verlor so weiter an Bedeutung.

## Der Zweite Weltkrieg und die Nachkriegszeit bis 1980

Die Weltwirtschaftskrise ab dem Jahre 1929 wurde bis zum Zweiten Weltkrieg in vielen Staaten nicht überwunden – und dann vernichtete der Krieg erneut auch die Vermögen der Reichen.[75] Wie im Ersten Weltkrieg wurde Vermögen materiell vernichtet, die kriegführenden Regierungen liehen sich wieder Geld von ihren Bürgern. Die Kredite der Bürger an den Staat wurden mithilfe des Anwerfens der Druckerpresse mit der entsprechenden Inflation entwertet und erneut wurden Mietpreisbindungen eingeführt, um die negativen Effekte sozial abzufedern.

Bis zum Jahr 1950 war das Kapital in Europa bereits sehr stark reduziert worden. Die Kapital-Einkommens-Relation, die vor dem Ersten Weltkrieg noch bei sechs bis sieben lag, belief sich 1950 nur noch auf zwei bis drei. In den USA hatte Kapital an Bedeutung gegenüber Europa weiter relativ zugelegt, das Land war auch weniger stark vom Krieg zerstört worden. Die entsprechenden Kapitaleinbußen wohlhabender Bürger hielten sich in Grenzen. Der Niedergang des Kapitals fiel in den USA nicht annähernd so dramatisch aus wie in Europa, war aber auch dort auffällig, die Kapital-Einkommens-Relation sank in den USA immerhin von 5 auf 3,5.

Die Zwischenkriegsjahre verringerten die Ungleichheit infolge der Kriegswirren und der damit verbundenen wirtschaftlichen und politischen Erschütterungen. Die Umverteilung von oben nach unten erfolgte nicht aus demokratischer und wirtschaftlicher Rationalität, sondern war Folge des Chaos zweier verheerender Weltkriege. Steuererhöhungen, Inflation und Mietpreisbremsen ließen die Kapital-Einkommens-Relation zwischen 1914 und 1945 deutlich sinken. Der Kapitalverlust der oberen 10 % (und insbesondere des oberen einen Prozents) der Allerreichsten im ersten Teil des 20. Jahrhunderts war dramatisch hoch.

So nahm in **Frankreich** der Anteil des oberen Zehntels am Gesamtvermögen, der von 1910 bis 1920 bei 90 % lag, auf 60 % bis 70 % zwischen 1950 und 1970 ab; in anderen europäischen Staaten sah das nicht viel anders aus. In den **USA** war die Kapitalungleichheit 1910 zwar bereits stark ausgeprägt, aber deutlich geringer als in Europa. Das obere Zehntel stand für etwa 80 % des Gesamtvermögens, 1950 lag der Vergleichswert nur noch bei 65 %. Die neue gesellschaftliche Mittelklasse oder Mittelschicht wurde durch den Wohlstandstransfer gestärkt.

### *Eine neue starke Mittelschicht entsteht*

Die Herausbildung einer neuen mittleren Gruppe zwischen Arm und Reich war ein breites Phänomen. Die neue mittlere Klasse machte fast die Hälfte der Bevölkerung aus und schuf einen Personenkreis, der mit eigener Anstrengung etwas Kapital schaffen konnte. Dies genügte, um insgesamt ein Viertel bis ein Drittel des nationalen Vermögens in Besitz zu nehmen.

Der Aufstieg der Mittelklasse wird durch den zunehmenden Wert der Arbeit erklärt, um Vermögen neu zu schaffen. So wurde ein sozialer Aufstieg ermöglicht, nachdem das alte Kapital sehr reicher Bürger weitgehend durch die Folgen zweier Kriege aufgezehrt war. Die Verfügbarkeit von Kapital wurde so demokratisiert. Auch sehr Reiche konnten nicht mehr so auskömmlich von ihren Erbschaften leben und waren nunmehr stärker auf Arbeitseinkommen angewiesen. Der Vermögensaufbau über Lohneinkommen machte Arbeit und Fleiß wichtiger für den sozialen Aufstieg als die frühere Statusabsicherung durch das Kapital. Die Gesellschaft wurde somit »durchlässiger«, auch in sozialer Hinsicht.

Die progressiven Steuern für sehr Vermögende blieben während der Zwischenkriegszeit und sogar bis in die Nachkriegszeit hinein bestehen. Sie wurden verstärkt nicht mehr für die Kriegsfinanzierung, sondern für den Aufbau der Infrastruktur, für Investitionen in Bildung und den Ausbau des Sozialstaats verwendet. Mit den steigenden Steuern konnte der Staat umfassendere soziale Aufgaben schultern, die derzeit ein Viertel bis Drittel des Nationaleinkommens abdecken.

## 1950 bis 1980

In den USA und Europa nahm in dem Zeitraum von 1950 bis 1970 die wirtschaftliche Aktivität deutlich zu, vor allem in Westeuropa.[76] So stieg das BIP in Westeuropa von 0,7 % auf 4 Prozent, in Amerika legte es von gut 1,5 % auf fast 2,4 % zu. Nach Piketty war die Zunahme des Wirtschaftswachstums dadurch bedingt, dass das Wachstum hier wie dort während der Zwischenkriegsjahre künstlich niedrig gehalten wurde und bei der ersten sich bietenden Gelegenheit massiv anzog.

### *Westeuropa holt gegenüber Amerika bis 1970 auf*

In Westeuropa war dieser Effekt sogar stärker als in Amerika, da Europa deutlicher vom Krieg negativ getroffen wurde. Piketty weist auf den Erfolg der »Trente Glorieuses« hin, die französische Bezeichnung für das, was wir hierzulande als »Wirtschaftswunder« bezeichnen, und benennt sie aus historischer Sicht als außergewöhnliche Zeit, weil Europa 1950 bis 1970 wieder aufholte, nachdem es 1914 bis 1945 hinter den USA zurücklag. Aufgrund des vergleichsweise niedrigeren Wachstums gibt es in den USA auch keine so ausgeprägte Nostalgie für die Nachkriegsjahre 1950 bis 1970 wie in Europa.

### *Ende des hohen Wachstums ab 1970*

Ab 1970 endete die Phase des exzessiven Wachstums. Trotzdem glaubte man, so Piketty, weder in den USA noch in Europa, dass die Wachstumsverlangsamung in den 1970er Jahren Folge einer zu Ende gegangenen Aufholphase sei. Sie blieben wachstumsfokussiert und es wurden Marktregulierungen, hohe Steuern und die Verstaatlichung von Industriebetrieben für die schwächeren Märkte verantwortlich gemacht. Die spätere Liberalisierungsphase war damit vorgezeichnet.

***Der Rheinische Kapitalismus***
Auf die Verhältnisse in Deutschland geht Piketty, wie bereits erwähnt, nicht sehr ausführlich ein. Den sogenannten »Rheinischen Kapitalismus« - hierzulande wird eher von der »sozialen Marktwirtschaft« gesprochen, die mit Ludwig Erhard auf eine Entmachtung der Wirtschaft und Reprivatisierung setzte - vergleicht Piketty mit der staatlichen Beteiligungspolitik Frankreichs. So habe sich der deutsche Staat im Zeitraum von 1950 bis 1980 in hohem Maße an Industrieunternehmen und Banken beteiligt, die dann zwischen 1980 und 2000 wieder verkauft worden seien. Nach wie vor halte der deutsche Staat größere Beteiligungen, was Piketty nicht kritisiert. Als Beispiel nennt er den Volkswagen-Konzern, an dem das Land Niedersachsen 20 % der Stimmrechte hält.[77] Piketty zeigt aber auch die massiv steigende Verschuldung in Deutschland bei stagnierender staatliche Aktiva seit 1970:[78]

http://piketty.pse.ens.fr/files/capital21c/en/pdf/F4.2.pdf

Auf die zunehmende Verschuldung durch den Ausbau des Sozialstaats geht Piketty nicht ein, sondern lobt eher die ordnende Hand des deutschen Staates und beurteilt das konsensorientierte deutsche Wirtschaftsmodell positiv (Stakeholder-Modell mit der weitestmöglichen Berücksichtigung aller Bedürfnisse der unterschiedlichen Anspruchsgruppen gegenüber dem Unternehmen im Vergleich zum angelsächsischen Shareholder-Modell mit Fokus auf die Aktionäre in den USA und Großbritannien).

## Von 1980 bis zur Gegenwart

Die Privatisierung der Wirtschaft mit der Liberalisierung im Waren- und Dienstleistungsverkehr und die Deregulierung der Finanzmärkte und des Kapitalverkehrs, die ab den 1980er Jahren einsetzte, hatten folgende Gründe:[79] Die Weltwirtschaftskrise lag inzwischen zeitlich weit zurück und geriet in Vergessenheit. Die 1970er Jahre mit der »Stagflation«, einer schwachen Börsenentwicklung und wieder steigender Inflation, nagten am keynesianischen Nachkriegskonsensmodell, das auf einen starken Sozialstaat mit starken Gewerkschaften setzte. Das Wachstum der »Trente Glorieuses« war nicht fortzuführen bzw. das »Wirtschaftswunder« war vorbei, wie auch der Glaube, dass der Staat durch Schuldenmachen Wachstum produzieren könne. Entstaatlichung wurde zunehmend thematisiert. Die Wahl Ronald Reagans zum amerikanischen Präsidenten 1980 und Margaret Thatchers zur britischen Premierministerin 1979 beschleunigten den Prozess der Deregulierung ab dem Beginn der 1980er Jahre. Die USA und Großbritannien senkten ihre progressiven Steuern: So gingen die amerikanischen und britischen Steuern von 80 % bis 90 % zwischen 1930 und 1980 auf 30 % bis 40 % zwischen 1980 und 2010 zurück. Frankreich und Großbritannien privatisierten ihren vorher staatlichen Industriebesitz.

### *Wieder wachsende Ungleichheit durch die Marktliberalisierung*

Die Marktliberalisierungsschritte und die Weitergabe des Staatsbesitzes vergrößerten das Kapital in privaten Händen entsprechend. Die Absenkung der hohen progressiven Steuern verstärkte erneut die Konzentration des Kapitals in wenigen privaten Händen. Die Rückkehr des ungezügelten Kapitalismus schuf so wieder mehr Ungleichheit. Außerdem ging nach 1970 das Wirtschaftswachstum zurück, was wiederum die relative Bedeutung des Kapitals erhöhte. Das Kapital konzentrierte sich wieder – entsprechend der von Piketty (anhand seiner Formel, dazu mehr im nächsten Kapitel) unterstellten natürlichen Tendenz des Kapitals, dies im Zeitablauf ohne staatliche Umverteilung zu tun.

Auch die Lohnungleichheit nahm in den letzten 30 Jahren wieder zu, vor allem in den USA. Auch dies trug zur verstärkten Kapitalkonzentration bei.

Die Rückkehr des Kapitalismus mit der Inkaufnahme steigender Ungleichheit zeigt sich bei der Kapital-Einkommens-Relation. Sie legte in den USA von 3,5 in der frühen Nachkriegszeit auf heute fast 5 zu. Die entsprechenden Werte für Großbritannien, Frankreich und Deutschland sind: von knapp über 2 auf jetzt 5,5 (GB), knapp unter 3 auf über 6 (F) und von etwas über 2 auf etwas über 4 (D).

Die wieder größer werdende Schere zwischen Arm und Reich zeigt sich auch hinsichtlich des Kapitalbesitzes der Reichsten (die obersten 10 %). Hier sind die Zahlen seit den 1970er und 1980er Jahren entsprechend gestiegen, in den USA von etwas über 60 % auf etwas über 70 % (die jeweiligen Werte für Großbritannien und Frankreich: von etwas über 60 % auf 70 % und Anstieg von 60 % auf 63 %).

## Fazit

Pikettys umfassende historische Analyse, die sich dank seiner Bezüge zu zeitgenössischen Romanen unterhaltsam liest, beurteilt ruhige Phasen unter dem Gesichtspunkt der Umverteilung als kritisch. Vor allem mit der beginnenden Industrialisierung hat sich die Ungleichheit verstärkt, die im Zuge zweier Weltkriege, 1914–1918 und 1939–1945, und den folgenden Regierungsanstrengungen, die entstandenen Schulden abzubauen, wieder markant verringert wurde. Das Ergebnis sieht er als positiv an, es hätte aber auch durch eine Besteuerungspolitik in Friedenszeiten erfolgen können. In den letzten 30 Jahren nahm die Ungleichheit durch die Marktliberalisierung wieder zu und könnte ein bedrohliches Ausmaß für die Stabilität von Gesellschaften und Demokratie erreichen. Die Besteuerung von Arbeit ist zu hoch, der Aufstieg über Lohneinkommen zu schwierig.

## 3. Pikettys Weltformel

*»Mit einer durchschnittlichen Kapitalrendite von 4 %–5 % ist es daher wahrscheinlich, dass r > g im 21. Jahrhundert wieder die Norm wird wie durch die Geschichte bis zum Beginn des Ersten Weltkrieges. Im 20. Jahrhundert haben zwei Weltkriege diese Vergangenheit überwunden und die Kapitalrendite signifikant gesenkt. Dadurch wurde die Illusion geschaffen, dass der fundamentale strukturelle Widerspruch des Kapitalismus (r > g) beseitigt wurde.«*

Thomas Piketty[80]

In den entwickelten Staaten beträgt die Kapital-Einkommens-Relation nach Piketty üblicherweise fünf bis sechs.[81] Das ist dann das Fünf- bis Sechsfache des jährlichen nationalen Einkommens. Das Kapital ist vor allem in Privathand.

Damit die Kapital-Einkommens-Relation unverändert bleibt, muss die Kapitalrendite der wirtschaftlichen Wachstumsrate entsprechen. Ist die Kapitalrendite größer als das wirtschaftliche Wachstum, steigt die Kapital-Einkommens-Relation, Kapital wird relativ wichtiger für die Gesellschaft. Wenn das Wirtschaftswachstum dagegen schneller zunimmt als die Kapitalrendite, nimmt die Kapital-Einkommens-Relation ab, dies wirkt mit dem Bedeutungsverlust des Kapitals gesellschaftlich egalisierend.

Der langfristige Vergleich der Kapitalrendite mit der wirtschaftlichen Wachstumsrate ist erforderlich, um den allgemeinen Trend der Kapital-Einkommens-Relation zu ermitteln.

Das Wirtschaftswachstum wird in weitem Maße durch den technologischen Fortschritt bestimmt. Der technologische Fortschritt in der Agrargesellschaft blieb überschaubar, das Wachstum lag bei nahe null. Piketty geht davon aus, dass es damit während des Großteils der menschlichen Geschichte praktisch kein Wachstum gab.[82] Die Bevölkerung entwickelte sich noch nicht so dynamisch wie in der Neuzeit. Die jährliche Wachstumsrate von der Antike bis zum 17. Jahrhundert dürfte niemals über einen längeren Zeitraum 0,1 % bis 0,2 % überschritten haben.

Der technologische Fortschritt ab dem 17. Jahrhundert ermöglichte in den kapitalistisch geprägten Industriestaaten viel höhere Wachstumsraten. Das Wachstum fiel deutlich höher aus als in den vorhergehenden Agrargesellschaften. Langfristig sind die durchschnittlichen Wachstumsquoten in kapitalistischen Gesellschaften dennoch nach Piketty bescheiden. Zwischen 1970 und 2010 lag die jahresdurchschnittliche Wachstumsrate in den acht am stärksten entwickelten Staaten zwischen 1,6 % und 2,0 % je Einwohner und verharrte meist zwischen 1,7 % und 1,9 %.

Nur der Wiederaufbau nach einer Naturkatastrophe oder einem Krieg kann das wirtschaftliche Wachstum davon abweichend stark nach oben treiben. Das genau war der Fall bei den europäischen Staaten nach dem Zweiten Weltkrieg. Wachstumsraten von 3 % bis 4 % waren möglich. Die Wachstumsrate kann aber auch im Zuge eines Modernisierungsschubs, wie wir ihn derzeit in China erleben, boomartig zulegen. Dies sind aber temporäre Abweichungen von der Normalität, einem langfristigen Wachstum in entwickelten kapitalistischen Gesellschaften von nur 1 bis 2 Prozent.

Die folgende Grafik zeigt die wirtschaftlichen Wachstumsraten in Westeuropa und den Vereinigten Staaten je Einwohner zwischen 1700 und 2010:[83]

http://piketty.pse.ens.fr/files/capital21c/en/pdf/F2.3.pdf

Für die Zukunft geht Piketty weiter von einem niedrigen Wachstum aus. Es dürfte nur zwischen 1 und 2 Prozent liegen und voraussichtlich geringer als derzeit (ca. 1,5 %) bleiben.[84] Pikettys Durchschnitts-Szenario geht von einer langfristigen Wachstumsrate von 1,2 % in den wohlhabenden Staaten aus.

## Von welcher Kapitalrendite muss man in dem Modell ausgehen?

Unterschiedliche Anlagen werfen je nach Risiko differierende Erträge ab. Die Rendite aus besonders riskanten Anlagen – entweder in Form von **Aktien** oder direkten Unternehmensbeteiligungen bei Familienbetrieben – übersteigt 7 bis 8 Prozent. **Ackerland im 18. und 19. Jahrhundert** warf nur eine Rendite von 4 bis 5 Prozent ab.[85] Auch die – wie Agrarinvestitionen – vergleichsweise sicheren **Immobilienanlagen im 21. Jahrhundert** erzielten nur Erträge in Höhe von 3 bis 4 Prozent. Noch schlimmer erwischt es den klassischen **Sparer**. Kleinanlagen auf Giro- oder Sparkonten erzielen häufig nur eine Kapitalrendite von 1 % bis 2 % oder sogar noch weniger. Dann fallen sogar Verluste an, wenn die Inflationsrate über den mageren nominalen Zinssatz der Sparanlagen steigt.

Ungeachtet der Tatsache, dass unterschiedliche Arten von Kapitalanlagen differierende Renditen aufweisen, ergibt sich mit der Nivellierung dieser Unterschiede eine jährliche Durchschnittskapitalrendite von 4 bis 5 Prozent (vor Steuern). Dieser Ertrag auf das eingesetzte Kapital ist langfristig nach Piketty relativ konstant – vielleicht mit einem leichten Abwärtstrend über sehr lange Zeiträume. Es gab nie eine Gesellschaft, in der die Kapitalrendite nachhaltig unter 2 bis 3 Prozent fiel.

## Wie erklärt sich, dass die Kapitalrendite konstant bei 4 bis 5 Prozent liegt?

Es scheint sich dabei hauptsächlich um einen ständigen Verhandlungsprozess zu handeln, der das menschliche Verhalten widerspiegelt. Kapitalsuchende Personen sind bereit, eine Prämie (Zins) zu zahlen, um Zugang zu Geld zu erhalten. Der Kapitalverleiher verzichtet auf gegenwärtigen Konsum, um eine Prämie (Zins) zu erzielen. An der Schnittstelle der Ungeduld des Schuldners und der Geduld des Gläubigers wird so der Preis des Kapitals (Zins) bestimmt. Die relative Ungeduld/Geduld scheint nach Piketty eine relativ feststehende Eigenschaft des Menschen zu sein, was die langfristige Konstanz der Kapitalrendite weitgehend erklären würde.

Während sich also das Wirtschaftswachstum langfristig zwischen 1 % und 2 % einpendelt, liegt die Kapitalrendite langfristig bei 4 % bis 5 % und damit markant darüber. Das bedeutet wiederum, dass auf lange Sicht die Kapitalrendite deutlich höher ist als das Wachstum der Wirtschaft. Die Kapital-Einkommens-Relation nimmt zu, Kapital wird wichtiger und die Ungleichheit so erhöht. Diese systemimmanente – quasi natürliche – Tendenz bedeutet aber langfristig nicht, dass der Markt versagt. Dies hat auch nichts mit einer möglichen Unvollkommenheit des Marktes zu tun, im Gegenteil. Die grundlegende Ungleichheit $r > g$, ($r$ = Kapitalrendite und $g$ = Wirtschaftswachstumsrate) gilt dann umso mehr: Je vollkommener und damit perfekter der Kapitalmarkt im Sinne effizienzorientierten Wirtschaftens funktioniert, desto eher ist $r$ nach Piketty größer als $g$.[86]

## In welche Richtung entwickelt sich vor dem Hintergrund von r > g die Kapital-Einkommens-Relation?

Auf der Grundlage der aktuellen Tendenz beim Wachstum und der Kapitalrendite (und der Sparquote) könnte die Kapital-Einkommens-Relation in der entwickelten Welt bis zum Ende des 21. Jahrhunderts Piketty zufolge durchaus auf sieben steigen. Er geht davon aus, dass das Wachstum nach und nach auf jährlich 1,5 % in der zweiten Hälfte des 21. Jahrhunderts fällt und sich die Sparquote auf lange Sicht bei ungefähr 10 % stabilisiert. Unter diesen Bedingungen wird die weltweite Kapital-Einkommens-Relation dementsprechend weiter steigen und könnte bis zum Ende des 21. Jahrhunderts 700 % erreichen. Damit wären wir dann wieder ungefähr bei der Höhe angelangt, die für Europa vom 18. Jahrhundert bis zur Belle Époque zu beobachten war.[87]

Eine hohe Kapital-Einkommens-Relation muss nicht automatisch bedeuten, dass die Ungleichheit entsprechend hoch ist. Das größere Kapital könnte gleichmäßig auf die Einwohner verteilt sein. Dies ist in der Praxis jedoch nicht der Fall. Kapital ist immer ungleichmäßig, tatsächlich sogar nach Piketty extrem ungleich verteilt. Sogar in Gesellschaften mit der gleichmäßigsten Vermögensverteilung (die skandinavischen Staaten in den 1970er und 1980er Jahren), besitzen die reichsten 10 % ungefähr 50 % des nationalen Vermögens (oder mehr, zwischen 50 % und 60 %, wenn man die größten Vermögen richtig berechnet). Zurzeit (Daten von 2010) besitzen die reichsten 10 % rund 60 % des nationalen Vermögens in den meisten EU-Staaten (Frankreich, Deutschland, Großbritannien und Italien). Gleichzeitig ist die Hälfte der Bevölkerung relativ arm, das heißt weitgehend mittellos: Die ärmsten 50 % besitzen weniger als 10 % des nationalen Vermögens und im Allgemeinen sogar weniger als 5 %. In den Vereinigten Staaten belegt die jüngste Fed-Umfrage, dass das oberste Zehntel 72 % des US-Vermögens besitzt, während die untere Hälfte nur 2 % für sich beanspruchen kann.

## Warum neigt das Kapital grundsätzlich dazu, sich ungleich unter der Bevölkerung zu verteilen?

So scheinen die Diskrepanzen bei den Einkommen die Ungleichheit zu verstärken. In den skandinavischen Staaten, in denen auch das Arbeitseinkommen am gleichmäßigsten zwischen 1970 und 1990 verteilt war, erhalten die 10 % der Bestverdienenden ungefähr 20 % der Gesamtgehälter und die untersten 50 % ungefähr 35 %. In Staaten mit der größten Ungleichheit, wie in den USA der frühen 2010er Jahre, bekommt das oberste Zehntel 35 % der Gesamtgehälter, während die untere Hälfte nur 25 % erhält. Der Kapitalaufbau ist für bis zu 50 % der Bevölkerung kaum möglich ohne Startkapital, denn der Personenkreis am unteren Ende der Gehaltsleiter verdient mit der eigenen Arbeit gerade so viel, um die laufenden Lebenshaltungskosten zu bestreiten. Bei der oberen Einkommensgruppe sieht es folglich anders aus. Sie haben entsprechend mehr Geld für Kapitalinvestitionen. Je mehr Anlagegeld verfügbar ist, desto leichter ist es auch, höhere Gewinne zu generieren mit der Folge einer steigenden Diskrepanz.

## Höhere Anlagerenditen der Reichen

Dies wird noch dadurch verstärkt, dass sich die Anleger dann, wenn sie über mehr Geld verfügen, auch professionell beraten lassen.[88] Das trägt zu höheren Gewinnen bei und erhöht die Ungleichheit, so Piketty, der es als möglich erachtet, dass Reiche durchschnittlich höhere Kapitalrenditen erzielen als ärmere Anleger. Wenn jemand 10 Mio. Euro statt nur 100 000 Euro oder 1 Mrd. Euro statt nur 10 Mio. Euro anlegt, sind mehr Finanzmittel entsprechend frei, um eine gute Beratung zu kaufen. Es gibt danach »Größenvorteile« im Portfoliomanagement. Außerdem kann ein vermögender Anleger eher Risiken eingehen und Geduld haben. Aufgrund dieser Effekte würden vermögende Anlegerkreise bei einer durchschnittlichen Kapitalrendite von vier Prozent auch sechs oder sogar sieben Prozent erreichen. Kleinanleger müssten sich demgegenüber mit Renditen von nur zwei oder drei Prozent abfinden. So sind die größten Vermögen schneller gestiegen als im Durchschnitt und vor allem gegenüber kleineren Anlegern. Die bereits hohen Unterschiede durch die Anlagesumme werden durch die divergierenden Kapitalrenditen so noch verstärkt.

Die Einkommensunterschiede werden nach Piketty auch **durch Erbschaften verstärkt**. Während einige nichts erben – und das sind üblicherweise auch die, die besonders niedrige Gehälter beziehen –, erben andere große Vermögen. Armut und Reichtum werden – vereinfacht ausgedrückt – auch vererbt. Erbschaften perpetuieren die Ungleichheit. Ungleichheit ist zwar nicht unbedingt etwas Schlechtes. Es bleibt aber die wichtige Frage, ob sie gerecht ist.

## Umverteilung durch den Staat

Angesichts des unterstellten Wachstums der Ungleichheit kann die Politik ausgleichend tätig werden, um die Kapitalkonzentration zu begrenzen. Regierungen können umverteilen und das Kapital der Reichen z. B. durch Steuern an die breite Bevölkerung weitergeben. Diese Kräfte waren ständig gegenläufig in der Geschichte der letzten 400 Jahre. Einerseits tendierte der Kapitalismus ohne begrenzende Regeln dazu, Ungleichheit zu erzeugen, und andererseits stand dagegen die Macht der Regierung, Vermögen entsprechend umzuverteilen. Das Ergebnis dieser widerstrebenden Kräfte zeigt sich im Ausmaß der beobachteten Ungleichheit.

Da die Besitzer größerer Vermögen nach Piketty eher in der Lage sind, in risikoreichere und damit ertragreichere Kapitalanlagen zu investieren und auch noch über Zugang zu besseren Informationen verfügen, kommt es nach und nach zu einer zunehmenden Vermögenskonzentration. Auch hier geht Piketty von einer Fortsetzung des Trends aus. Die Kapitalkonzentration würde aber – trotz steigender Tendenz – nicht so hoch ausfallen wie in Europa vor dem Ersten Weltkrieg.

### Fazit

Nach der Formel r > g ist die Verzinsung, die durchschnittliche Kapitalrendite (r = *return on capital*), dauerhaft größer als die Wachstumsrate der Wirtschaft (g = *growth*). Daraus resultiert nach Piketty, dass das Kapital – wir sprechen heute eher von Vermögen – nachhaltig schneller wächst als die Wirtschaftsleistung. Dieses nach Piketty stabile Muster gilt (mehr oder weniger) für die gesamte Menschheitsgeschichte. Je weniger der Kapitalist ausgibt, desto schneller wächst sein Reichtum. Die Vermögenden werden reicher, Mittellose bleiben dagegen arm – und das generationenübergreifend.

## 4. Pikettys politische Empfehlungen

*»Der Wohlstand ist nicht richtig verteilt. Deswegen bin ich für eine progressive Vermögenssteuer, die steigt, je reicher jemand ist. Sie soll nicht die Leute treffen, die anfangen, Vermögen anzuhäufen. Aber sobald man eine bestimmte Schwelle überschritten hat, muss man zahlen. Ich bin nicht dafür, Kapitalerträge höher zu besteuern. Für Menschen mit wenig Erträgen sollte die Steuer sogar sinken.«*

Thomas Piketty[89]

Thomas Piketty stellt die Frage nach der Gerechtigkeit angesichts der von ihm anhand der Datenreihen festgestellten Kapitalkonzentration in wenigen Händen, die sogar noch zunehme. Die Vermögensakkumulation am oberen Ende würde sogar dazu führen, dass ererbtes Vermögen das Kapital vollständig dominiert – und damit die gesamte Gesellschaft. Dies ist dann das Endergebnis der natürlichen Kapitalanhäufung entsprechend der Formel r > g.

Die Ungleichung r > g schließt ein, dass die Vergangenheit die Zukunft förmlich verschlingt. In der Vergangenheit entstandener Reichtum nimmt automatisch schneller zu, auch ohne Arbeit, als das aus Arbeit entstehende Vermögen. Die Ungleichheit vergrößert sich durch Erbbesitz noch.[90]

Die Bedeutung ererbten Reichtums steigt in der ganzen entwickelten Welt. Beispiel **Frankreich**:[91] Dort hat der Anteil von ererbtem Vermögen am Gesamtvermögen seit den 1970er Jahren nach und nach zugenommen. Bereits in den 1980er Jahren machte ererbter Reichtum den Großteil des Vermögens aus, derzeit (2010) sind es etwa zwei Drittel des privaten Kapitals in Frankreich, verglichen mit knapp einem Drittel Sparkapital. Bei der Fortsetzung der derzeitigen Trends ist es sehr wahrscheinlich, dass der Anteil an ererbtem Vermögen auch in den folgenden Jahrzehnten weiter steigt, im Jahr 2020 die 70-Prozent-Marke übertrifft und dann im folgenden Jahrzehnt bis zu 80 % erreicht. Bei einem Szenario von einem Prozent Wachstum und fünf Prozent Kapitalrendite würde der Anteil an ererbtem Vermögen bis 2050 sogar bis 90 % zulegen und damit auf etwa dem gleichen Niveau wie während der Belle Époque sein. Frankreich mag hier ein besonders drastisches Beispiel sein, aber der Trend zeigt sich auch in anderen Staaten.

## Progressive Steuern zum Abbau der Ungleichheit

Für Piketty steht fest, dass eine Welt, in der ererbtes Vermögen dominiert, grundlegend ungerecht ist, denn die demokratischen Gesellschaften beruhen seines Erachtens auf einer leistungsorientierten Weltanschauung, oder zumindest auf einer leistungsorientierten Hoffnung, dass Ungleichheit vorrangig auf Fleiß und Arbeit fußt und nicht auf Zinsen und vorteilhaften Verwandtschaftsverhältnissen. In den Demokratien steht die in Deklarationen und Verfassungen formulierte Gleichheit der Rechte aller Bürger in einem deutlichen Gegensatz zur real erfahrbaren Ungleichheit der Lebensverhältnisse. Nach Piketty ist es zur Überwindung dieses Gegensatzes von Anspruch und Wirklichkeit wichtig, dass sich soziale Ungleichheiten aus rationalen und universellen Prinzipien herleiten lassen und nicht durch zufällige Gegebenheiten.

Ungleichheit muss gerecht und nützlich bleiben, zumindest auf der Diskursebene, möglichst dann auch in der Realität, denn es gibt Anzeichen dafür, dass sich die Bevölkerung in der entwickelten Welt angesichts der wachsenden Ungleichheit zunehmend unwohl fühlt.[92] Wenn die Kapitalkonzentration so bleibt oder sich sogar verstärkt, wird die Ablehnung der Ungleichheit entsprechend weiter steigen.

Vor diesem Hintergrund ist es die einfachste und beste Methode, um die Endsituation zu verhindern, dass sich Kapital weiter am oberen Ende konzentriert und ererbter Reichtum gesellschaftsbestimmend wird, progressive Steuern zu erheben, vor allem progressive Kapitalsteuern.

Staaten müssen bei einer Höherbesteuerung mit steuerlichem Ausweichverhalten der wohlhabenden Bürger rechnen. Kapital ist leicht transferierbar und es gibt Niedrigsteuerstaaten, in denen das abwandernde Geld nach wie vor gern in Empfang genommen wird. Genau das geschieht weiterhin in den sogenannten Steueroasen. So mussten die Staaten zur Verhinderung von Kapitalabflüssen ihre Steuern auf Kapital reduzieren. Der gestiegene internationale Standortwettbewerb in einer Welt freien Kapitalverkehrs hat Regierungen sogar dazu getrieben, Einkünfte aus Kapital von der progressiven Einkommensteuer auszunehmen. Insbesondere gilt dies für Europa, dessen relativ kleine Staaten nicht in der Lage waren, eine aufeinander abgestimmte Steuerpolitik einzuführen. Während Einkünfte aus beruflicher Arbeit weiterhin besteuert werden, sanken die Kapitalsteuern im Zuge des Wettbewerbs der Staaten um Anlagegeld und Investitionen.

## Globale Kooperation notwendig

Daher lassen sich progressive Kapitalsteuern nur im Rahmen einer globalen Kooperation verbessern, im Idealfall würden sich alle Staaten weltweit auf eine progressive Kapitalsteuer einigen und diese einheitlich anwenden. Eine solche internationale Gleichbesteuerungspolitik stellt allerdings eine utopische Idee dar. Die Möglichkeit einer derartigen weltweiten Regelung ist schwer vorstellbar.

Erste Schritte könnten nach Piketty aber bereits auf regionaler Ebene erfolgen. So könnten einzelne Länder, z. B. in Europa, in dieser Hinsicht voranschreiten und eine höhere Kapitalbesteuerung schrittweise und miteinander abgestimmt umsetzen.

## Vorschläge für eine faire Kapitalbesteuerung

Die Einzelheiten einer solchen Kapitalsteuer müssten im Rahmen von öffentlichen Diskussionen demokratisch ausgearbeitet werden. Piketty hält dabei folgende Steuerprogression für fair und angemessen: Ein Steuersatz von null Prozent für Nettovermögen unter einer Mio. Euro, ein Steuersatz von einem Prozent zwischen einer Mio. Euro und fünf Mio. Euro und zwei Prozent oberhalb von fünf Mio. Euro. Für die größten Vermögen wäre eine stärker progressive Steuer denkbar, zum Beispiel ein Steuersatz von fünf oder zehn Prozent auf

Vermögenswerte von über einer Mrd. Euro. Da die realen Erträge der größten Kapitalvermögen in Europa und weltweit sechs bis sieben Prozent oder mehr betragen, ist es nach Piketty auch nicht übertrieben, Kapitalvermögen in Höhe von über 100 Mio. Euro oder einer Mrd. Euro mit Sätzen von deutlich über zwei Prozent zu besteuern.

Die Option der Einführung einer weltweiten Kapitalsteuer mag eine Utopie bleiben, die möglichen Alternativen sind nicht besser. Interne politische Spannungen infolge steigender und nicht gebremster Ungleichheit führen nach Piketty höchstwahrscheinlich dazu, dass wieder der Protektionismus, Kapitalkontrollen und der Nationalismus reaktiviert werden. Protektionistische Maßnahmen einzelner Staaten können mit der Einführung von Kapitalkontrollen einhergehen.[93] Derartige politische Schutzmaßnahmen sind erfahrungsgemäß selten wirkungsvoll. Dies könnte zu noch mehr Instabilität und so zu noch mehr internationalen Spannungen führen. Protektionismus und Kapitalkontrollen sind so nur ein unzureichender Ersatz für eine weltweite Kapitalsteuer. Diese Lösung hätte auch den Vorteil, dass einerseits wirtschaftliche Offenheit weiter besteht und andererseits eine weltweite und gerechte Regulierung den Wohlstand zwischen den Staaten nicht verzerrt. Die Einnahmen aus einer derartigen weltweiten Kapitalsteuer sollen nach Piketty zum Abbau der Staatsschuld verwendet werden, um den erheblichen Druck auf die öffentlichen Kassen zu senken.

Nach den Umwälzungen durch den Ersten Weltkrieg, die Weltwirtschaftskrise und den Zweiten Weltkrieg – mit den materiellen Zerstörungen, der höheren Besteuerung und der deutlich gestiegenen Inflation – sanken die hohen Vermögen der Reichen markant, sodass das Problem der Kapitalakkumulation und -konzentration gelöst zu sein schien.[94] Diese Illusion war falsch. Inzwischen haben sich die natürlichen Kräfte, die zur Ungleichheit beitragen – die Akkumulation und Konzentration von Kapital – wieder neu gesammelt. Erneut wurde

Kapital geschaffen und die Kapitalkonzentration erhöht, und dieser Trend wird sich wohl auch in der Zukunft so fortsetzen. Als Ausweg bietet sich die Erhöhung progressiver Steuern an. Wenn dies nicht geschieht, nimmt die Wahrscheinlichkeit zu, dass die Staaten wieder ihr Heil in protektionistischen Maßnahmen suchen. Auch ein Rückfall in den Nationalismus ist möglich. Die Entwicklungen im 20. Jahrhundert sind Lektion und Warnung zugleich.

**Fazit:**

Piketty fordert anhand seiner neuen, viel diskutierten Weltformel auf internationaler Basis mehr »Umverteilung« von Reich zu Arm einerseits und vom Privat- zum Staatssektor andererseits. Hohe Vermögen und Einkommen sollen stärker steuerlich belastet werden, über Vermögenssteuern, Besteuerung von Erbschaften, Besteuerung von Einkommen – stark progressiv wachsend mit einer Maximalbelastung für Superreiche mit entsprechenden Vorschlägen. Dennoch ist – das räumt Piketty ein – eine internationale Umsetzung angesichts der finanziellen Globalisierung schwierig, wenn nicht gar unmöglich.

Soweit Pikettys Thesen und Empfehlungen, in knapper Form dargestellt und auf viele Nebenaspekte verzichtend, die ebenfalls in *Das Kapital im 21. Jahrhundert* behandelt werden.

# 5. Kritik an Pikettys Thesen

*»Some issues concern sourcing and definitional problems. Some numbers appear simply to be constructed out of thin air.«*

Chris Giles, *Financial Times*[95]

Die Vorwürfe des Chefökonomen der *Financial Times*, Chris Giles, betreffen nicht die Schlüsse aus Pikettys umfangreichen Recherchen, sondern die Datenbasis selbst.

## Umstrittene Datenbasis

Danach soll Piketty Daten fehlerhaft in seine Excel-Tabelle übertragen haben, außerdem habe er falsche Formeln genutzt, um die Daten so zu verarbeiten, dass er die gewünschten Ergebnisse erhält. Die langjährigen Datenreihen sind aber das Kernelement für die Herleitung seiner – inzwischen ebenfalls umstrittenen – Formel $r > g$. Solche Vorwürfe, die weit gravierender sind als die üblicherweise strittig diskutierten Schlussfolgerungen, führten zu prompten Reaktionen von Piketty. Er schrieb der Zeitung zunächst, *»dass er die Daten, die seiner Analyse zugrunde liegen, gerade deswegen veröffentlicht habe, weil er eine transparente und offene Debatte darüber ermöglichen wolle«*. Später erklärte Piketty, *»dass es zwangsläufig einiger Anpassungen bedürfe, um die Daten aus den verschiedenen Ländern und Quellen miteinander vergleichbar machen zu können. Das habe er auch in seinem Buch und dem Quellenmaterial nicht verschwiegen«*.[96] Während er auf einen beanstandeten schwedischen Zahlendreher nicht einging, blieb Piketty im Falle vorgeblich falscher Angaben für Großbritannien bei seiner Position: Vermögen in »Steuerparadiesen« (*offshore*) habe er nicht berücksichtigt und daher stelle seine eigene Schätzung vermutlich die Realität eher günstiger (weniger Ungleichheit). Er forderte die *FT* auf, ihre Rechnungen doch ebenfalls online zu stellen: »*Ich wäre glücklich, wenn ich meine Schlussfolgerungen ändern könnte.*«[97]

Auf Kritik wie die der *FT* reagiert Piketty zunehmend dünnhäutig und interpretiert die Attacke als »*ideologisch motiviert*«. Er kontert mit folgendem Statement: »*Jede Vermögensrangliste der Welt zeigt, dass die Vermögen an der Spitze schneller wachsen als beim Durchschnitt. Wenn die Financial Times eine Statistik mit einer anderen Aussage hat, sollte die Zeitung sie veröffentlichen.*«[98]

## Kritik an der Formel r > g

Bereits vor dieser Kritik an der Datenerhebung kam es zu inhaltlichen Auseinandersetzungen, nicht zuletzt durch renommierte Ökonomen. So wies Hans-Werner Sinn in einem Gastbeitrag für die *FAS* auf das »*zentrale Ergebnis der Wachstumstheorie hin, dass sich der Zins einer Volkswirtschaft in Abhängigkeit von der Sparquote langfristig gerade bei jenem Niveau einpegelt, bei dem die Wachstumsrate des Kapitals der Wachstumsrate der Einkommen entspricht. Die Konsequenz ist die langfristige Konstanz des Verhältnisses von Vermögen und Wirtschaftsleistung*«.[99] Sinn erläuterte die mathematische Gesetzmäßigkeit hinter der Konvergenz von Kapitalverzinsung und Wirtschaftswachstum anhand eines Erdhaufen-Beispiels: »*Die Gesetzmäßigkeit liegt darin begründet, dass eine jede wachsende Größe auf die Dauer nur mit der Rate wachsen kann, mit der auch ihr Zuwachs wächst. Man betrachte als Beispiel das Aufschütten eines Erdhaufens. Pro Periode wird ihm eine Schaufel Erde hinzugefügt, aber die Schaufel wird von Periode zu Periode um einen bestimmten Prozentsatz vergrößert. Dann konvergiert die prozentuale Wachstumsrate der Menge an Erde, die auf dem Haufen liegt, gegen die Wachstumsrate der Schaufelgröße. Setzt man die Menge an Erde auf der Schaufel mit der laufenden Ersparnis der Volkswirtschaft und die Größe des Erdhaufens mit dem Vermögen gleich, folgt die langfristige Konstanz der Relation von Vermögen und Einkommen, wenn aus dem Einkommen ein fester Anteil gespart wird.«* Allerdings kann es nach Sinn temporär durchaus zu Abweichungen kommen.

Der Erkenntnistheoretiker Nassim Nicholas Taleb (Autor u.a. von *Der schwarze Schwan*) kritisiert Piketty anhand seiner gleichgewichtstheoretischen Grundannahme, dass r = g – ohne Zeitbezug und ohne Berücksichtigung weiterer wichtiger Parameter – gelten müsste. Man sollte seines Erachtens von Nichtentscheidungsträgern keine praxisnahen Bücher erwarten.[100] An der Formel entzündet sich jetzt der Streit um die Deutungshoheit in der Ökonomie. Auch dieser Diskurs könnte nur eine Modeerscheinung sein; die allzu physikalisch-deterministische Sicht der Ökonomie ist ohnehin einseitig und fraglich.[101]

## Lange Zeitreihen mit aus Kritikersicht kühnen Annahmen und wenig Analysetiefe

Kritisiert werden auch die langen Datenreihen und die damit verbundene Anmaßung, man könnte die weltweite Wirtschaft seit Christi Geburt vermessen.[102] Diese historischen Werte hat Piketty auch gar nicht immer erhoben. So schätzt er kühn für die ersten 1700 Jahre die Kapitalrendite auf konstant 4,5 %. Das ist eine heroische Annahme.

Zu den Kritikern Pikettys gehören auch die Wirtschaftswissenschaftler Heiner Flassbeck und Peter Bofinger. Beide werden – wie Piketty selbst – eher dem linken Lager zugeordnet. So führte Bofinger aus: *»Würde ich feststellen, dass meine Theorie und meine Zahlen dermaßen auseinandergehen, hätte ich schlaflose Nächte.«* Bofinger wirft Piketty vor, dass in den letzten 100 Jahren die Kapitalrendite nicht größer, sondern kleiner als das reale Wirtschaftswachstum war – im krassen Gegensatz zu Pikettys Theorie. Bofinger teilt zwar Pikettys Kritik an der Wohlstands-Ungleichverteilung, aber er könne *»als Wis-*

*senschaftler nicht über einen fundamentalen Widerspruch hinwegsehen, nur weil mir die Grundrichtung gefällt«.*[103]

Heiner Flassbeck wurde schon skeptisch durch den Wirbel, den das Buch auslöste, *»denn normalerweise werden die wirtschaftswissenschaftlichen oder -politischen Bücher von den Medien in den Himmel gehoben, die der herrschenden Meinung entsprechen und den von ihr Profitierenden dienen«*[104]. Flassbeck kritisiert, dass Piketty die neoklassische Wachstumstheorie (Harrod-Domar-Solow-Ansatz) als Basis für seine empirischen Arbeiten nutze, und sieht die Annahme, dass sich die Gesamtwirtschaft in einem Gleichgewichtszustand befinden könne oder dorthin strebe, durch nichts gerechtfertigt: *»Im Gegenteil, die Gesamtwirtschaft ist ein System, das sich einerseits selbst bewegt und andererseits zu jedem Zeitpunkt von einer unüberschaubaren Anzahl von Anstößen von außen (unter anderem von der Politik) bombardiert wird. Entwicklung, das Überwinden des gegenwärtigen Zustands, ist das Ziel fast aller Akteure in diesem System (einschließlich der Wirtschaftspolitik) und nicht Stillstand«.* Überschrieben hat Flassbeck seinen kritischen Beitrag mit dem berühmten Keynes-Zitat, das auf nichts anderes hinweist, als dass die lange Frist ein schlechter Führer durch die laufenden Geschäfte sei. *»In der langen Frist sind wir alle tot. Die Ökonomen stellen sich selbst eine zu einfache, ja eine nutzlose Aufgabe, wenn sie uns in stürmischen Zeiten nur sagen können, dass das Meer wieder ruhig sein wird, nachdem der Sturm abgezogen ist.«*[105]

Vor allem der allzu mechanistische Ansatz, mit einer zentralen, gut und leicht zu vermittelnden Formel ein wirtschaftliches Welterklärungsmodell abzuliefern, stößt vielfach auf Ablehnung. Auch dass er *»der analytischen Durchdringung seiner Daten fast vollkommen aus dem Weg geht«*[106]. Angesichts der diskutierten Mängel erinnert dies an gutes Marketing, ohne die Vielschichtigkeit der Zusammenhänge bemühen zu müssen. So lässt Piketty Steuern zur Vereinfachung bis 1900 ganz außen vor und analysiert Einkommen vor Steuern.

## Umverteilung von unten nach oben durch den Staat

Fraglich ist daher, ob auch die tatsächlich verfügbaren Einkommen nach Steuern auseinanderdriften. Wenn man – wie Piketty – mehr steuerliche Umverteilung fordert, wäre dies eine wesentliche Zusatzinformation.[107] Das ist wohl nicht zuletzt in den USA der Fall, um als Standort für Milliardäre attraktiv zu bleiben. Warren Buffett kritisierte eine solche, die reichen Amerikaner deutlich stärker entlastende Steuerpolitik der damaligen Bush-Regierung. *»In Amerika wird ein Klassenkrieg geführt, und meine Klasse gewinnt eindeutig«*, schrieb Buffett. Er sei bereit, mehr Steuern zu zahlen, und rief die restlichen reichen Amerikaner dazu auf, ihm hierbei zu folgen – ohne auf größere Resonanz zu stoßen.[108] *»Meine Freunde und ich sind lang genug gehätschelt worden von einem milliardärsfreundlichen Kongress.«* Wiederholt kritisierte Buffett, dass er geringere Steuersätze als seine Sekretärin zahle.[109]

Umverteilende Effekte in die falsche Richtung ergeben sich durch die höhere Besteuerung der Einkommen im Vergleich zu den Kapitalerträgen. Diese Politik vergrößert die Ungleichheit. Andererseits gibt es ein anderes Extrem, vor dem zu Recht gewarnt wird: Wenn man dann noch das Vermögen besteuern will, ist das ein Eingriff in die Substanz (mit der möglichen Folge von Unternehmenszusammenbrüchen). Stattdessen sollten die Einkommensteuern gesenkt werden. Den steuereintreibenden und umverteilenden Staat gebe es in der Modellwelt von Piketty nicht, so die Kritiker.

Die steuerliche Progression bei der Entstehung von Vermögen durch Einkommen ist aus sozialpolitischen Gründen dabei weitgehend unstrittig und in einem vertretbaren Maße marktwirtschaftskonform (eine höhere Besteuerung von Arbeitnehmereinkommen gegenüber Einkommen aus Kapitalerträgen ist fehllenkend und begünstigt Reiche), alles Weitere (Vermögensbesteuerung, Besteuerung von Erbschaften) hat Enteignungscharakter und könnte zu Firmenzusammenbrüchen führen. Da der vermeintliche Sozialstaat aber auch die Wirtschaft über die Verwendung seiner Einnahmen lenkt, wird die fehlende Berücksichtigung des Staates in Pikettys Buch zu einem echten Makel. Umverteilung durch den Staat fördert Leistungsfeindlichkeit (Leben von der Stütze und damit passives Konsumverhalten) und begünstigt gut informierte Vermögende über Subventionen, d.h. der Staat begünstigt Reiche und schwächt Mittellose. Weniger Staat ist dann besser.

## Gute Zeiten sind nach Piketty schlechte Zeiten (und umgekehrt)

Pikettys Thesen sind fragwürdig. Das vermeintlich bedrohliche Thema Ungleichheit ließ Piketty nicht los und bekommt durch ihn einen wesentlichen Erklärungsgehalt, obwohl sich gute Zeiten und schlechte Zeiten historisch nicht mit der Ungleichheit oder dem daher erforderlichen Maß der Umverteilung in Einklang bringen lassen. Es lässt sich auch genau das Gegenteil sagen. So spottete das US-Magazin *Forbes*: Aus Pikettys Sicht trügen schlimme Zeiten Namen wie »Belle Époque«, »Goldene Zwanziger« oder »Roaring Sixties«. Gute Zeiten hießen dagegen »Große Depression«, »Erster Weltkrieg«, »Zweiter Weltkrieg«. Das sei vielleicht zu plakativ, treffe aber die Wahrnehmung vieler Leser des Buches.[110]

Die gerechte Verteilung des Wohlstands ist ein durchaus diskussionswürdiges Thema. Kritiker bemängeln aber, dass der Erklärungswert von Pikettys Weltformel hier nicht weiterhilft, nicht zuletzt, weil die bereits bestehende soziale Umverteilung unberücksichtigt bleibt. Ein ebenfalls diskutierter Lösungsweg wäre, Arbeiter auch zu Kapitaleignern (als Anteilseigner in den Firmen, für die sie arbeiten) zu machen. Aufstiegschancen – vom Tellerwäscher zum Millionär – müssen bestehen bleiben. Es sollte gelten: Leistungsbezogenes Fair Play statt Vetternwirtschaft. Hier können Europäer von Amerikanern lernen. Pikettys Forderungen nach mehr Gerechtigkeit sind marktwirtschaftskonform lösbar, z.B. durch Mitarbeiteraktien, sinkende Besteuerung von Lohneinkommen auf dem Niveau der niedrigen Kapitalbesteuerung. So würde der soziale Aufstieg erleichtert und die Mittelschicht wieder gestärkt.

## Höherbesteuerung international eher utopisch

Die weltweit einheitliche Höherbesteuerung ist nicht durchsetzbar. Piketty räumt diese Schwierigkeit zwar ein, aber allein der Vorschlag zeigt große Realitätsferne (und bestätigt damit Vorurteile gegenüber Professoren, die im Elfenbeinturm sitzen). Besser wäre, statt der internationalen Steuerharmonisierung auf höherem Niveau, die konkrete Überwindung von Kartellen und anderen Vermachtungsformen in der Wirtschaft, die den Wettbewerb behindern und Ungleichheit erzeugen (das gilt auch für die von unten nach oben umverteilende Subventionspolitik). Hier gibt es bereits Gesetze gegen Missbrauch und erfolgreiche Beispiele von wettbewerbssteigernden Unternehmenszerlegungen, aber die Umsetzung erfolgt dank Lobbying nicht konsequent. Bereits auf nationaler Ebene ließen sich hier Erfolge erzielen.

# Epilog: Der politische Diskurs rund um *Das Kapital im 21. Jahrhundert* steht erst am Anfang

*»Die Gefahr einer Entwicklung unserer Demokratie zu einer regelrechten Oligarchie ist real und berechtigt zu wenig Optimismus.«*

Thomas Piketty[111]

Thomas Piketty betrachtet die Finanzoligarchie durch ihre Fähigkeit, auf die Politik durch Spenden und Gestaltung der Regulierungen Einfluss zu nehmen, als Gefahr für die Demokratie. So sei in den USA mit der Finanzierung durch extrem reiche Geldgeber die Meinungsbildung über Denkfabriken interessengeleitet.[112]

## USA im Fokus der Kritik

Piketty interpretiert, wie bereits erwähnt, die Geschichte von Einkommen und Vermögen als hochpolitisch, chaotisch und unvorhersehbar. Alles hänge davon ab, *»was die Menschen als gerecht ansehen und wie sie durch Politik Einfluss nehmen«*.[113]

Piketty traut sich eine Langfristprognose zu und ist der Ansicht, dass ohne massive politische Umverteilungsschritte in den nächsten 100 bis 200 Jahren die Kapitalrendite nach Steuern deutlich über dem

Wirtschaftswachstum liegen wird.[114] Pikettys Forschungsergebnisse sollen mithelfen, das Chaos wieder zu ordnen: durch Regulierung der Finanzmärkte, eine progressive Einkommensteuer und eine höhere Besteuerung von Kapitalgewinnen einschließlich des Vermögens (das – im Regelfall – aus versteuertem Einkommen entstand). Soziale Unterschiede dürfen nur auf Gemeinnutz basieren. Vermögen ist damit für ihn, frei interpretiert, sozialpflichtig – zumindest in einem deutlich stärkeren Maße als in den angelsächsisch geprägten Demokratien, die er in besonderem Maße wegen ihrer Ungleichheit kritisiert. Siehe dazu auch das folgende Schaubild aus der *Börsen-Zeitung*:[115]

**US-Top-Verdiener sahnen ab**

Anteil der Bestverdienenden am Gesamteinkommen

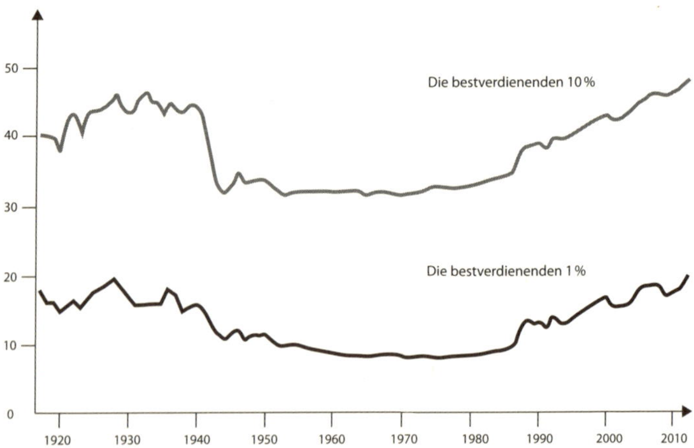


Quelle: Paris School of Economics, Börsen-Zeitung

Warnungen vor unsozialen Reichen finden sich schon im Jakobusbrief:[116]

*»Wohlan nun, ihr Reichen! Weinet und heulet über euer Elend, das über euch kommt. Euer Reichthum ist verfault, und eure Kleider sind mottenfressig geworden. Euer Gold und Silber ist verrostet, und ihr Rost wird zum Zeugniß sein wider euch und euer Fleisch fressen wie Feuer; ihr habt Schätze gesammelt in den letzten Tagen. Siehe, der Lohn der Arbeiter, die eure Felder geschnitten haben, der von euch vorenthalten ist, schreiet, und das Geschrei der Schnitter ist gedrungen in die Ohren des Herrn Zebaoth.«*

## Reichenkritik durchzieht die Wirtschafts- und Sozialgeschichte

Reichenkritik in Verbindung mit vermutetem oder tatsächlich unsozialem Verhalten durchzieht die Wirtschafts- und Sozialgeschichte. Auf Karl Marx wurde eingangs bereits hingewiesen. Auch die Kritik an ungleichen Einkommens- und Vermögensverhältnissen ist nicht neu. John Kenneth Galbraith kritisierte wie Piketty ebenfalls die Ungleichheit bei der Einkommens- und Vermögensverteilung. So seien 1929 – vor dem Ausbruch der Weltwirtschaftskrise – die Reichen besonders reich gewesen. Es gebe zwar keine genauen Zahlen, aber es scheine festzustehen, dass mehr als 30 % der privaten Einkommen von 5 % der Bevölkerung erzielt worden seien. So habe die Größenordnung des privaten Einkommens aus Zinsen, Dividenden und Mieten, d. h. das Einkommen der Wohlhabenden, die Zahlen nach dem Zweiten Weltkrieg um mehr als das Doppelte überstiegen.[117]

Durch die höchst ungleiche Einkommensverteilung sei die Wirtschaft in hohem Maße von deren Investitionen und/oder deren Kauf von Luxusgütern abhängig gewesen, sie hätten durch die ungünstigen Börsennachrichten überreagiert und die Konjunktur nach unten gezogen (die Nachfrage der unteren Einkommensgruppen reagierte nach Galbraith weniger anfällig[118]). Die Weltwirtschaftskrise wird von Galbraith aber nicht monokausal mit der ungleichen Einkommens- und Vermögensverteilung erklärt, als weitere Gründe führt er an: (2) die prekäre Struktur der Kapitalgesellschaften[119], (3) das labile Bankensystem[120], (4) den desolaten Zustand der Außenhandelsbilanz[121], (5) den schlechten Zustand der Ökonomie[122].

Dies ist dann eine wesentlich breitere und zeitkontextbezogenere Analyse – hier der Weltwirtschaftskrise von 1929, die auch für die Finanzkrise seit 2007 eine Referenz bildet. Pikettys Werk gehört zu den Büchern, die nicht zuletzt durch die Verunsicherung über die angemessene politische und ökonomische Langfriststrategie eine weitergehende Diskussion auslösen. Die möglichen Folgen – vergleichbar mit der Weltwirtschaftskrise 1929 – sind abschreckend, und der derzeitige »Dauerkrisenmodus« mit dem Zeitschinden durch Niedrigzinspolitik wirkt ernüchternd. Pikettys Thesen bieten aber auch der Politik die Chance, von ihrem eigenen Versagen abzulenken.[123]

Vielleicht sollte angesichts der anhaltend massiven Geldflutung durch die Notenbanken – im Gegensatz zu Piketty – hier die Systemkritik ansetzen (das Regierungsversagen durch Interventionen steht bei Piketty nicht im Fokus, stattdessen postuliert er Steuererhöhungen, die staatliche Finanzierungsspielräume wieder erhöhen.[124]) Die Vermögenssicherung für Reiche erfolgt möglicherweise sogar über das vorsätzliche Produzieren von Preisblasen durch Notenbanken – dies ist vielleicht keine Nebenwirkung, sondern ein gezieltes Instrument der Geldpolitik, um Aktienpreise aufzupumpen.[125]

## Weitreichende politische Folgen möglich

Bei aller zunächst nachvollziehbaren Begeisterung für das spannend geschriebene Buch, das selbst Nichtökonomen Vergnügen bereiten kann, da viel historisches und literarisches Wissen sozusagen mitgeliefert wird, sollten Pikettys Folgerungen nicht auf die leichte Schulter genommen werden. Die Kernforderungen sind von ihm zwar systemimmanent formuliert, könnten aber in der ersten Euphorie revolutionär zu völlig falschen Richtungsentscheidungen führen.

Die einfache verständliche Weltformel, die wie gezeigt falsch ist, bietet Rüstzeug für verschärfte politische Auseinandersetzungen. Piketty könnte als neuer Marx mit besserer Datenbasis zunehmend gefeiert werden. Die Einordnung und Bewertung von Pikettys Thesen im Zusammenhang mit seiner Weltformel sind noch im Fluss. Die Formulierung einer Quote anhand seiner Weltformel, ab der die Demokratie nicht mehr funktioniert, konstruiert einen fragwürdigen Zusammenhang und wirkt mechanistisch – und könnte den Übergang in eine planwirtschaftliche Struktur mit immer mehr fesselnden Regulierungen und Quoten, wie längst erfolglos gehabt, eröffnen, und damit das Verfügungsrecht über Kapital sozialisieren und schließlich die Marktwirtschaft gänzlich außer Kraft setzen.

Ist der »Klassenkampf« damit neu eröffnet, der heute die Kapitalbesitzer (Ausbeuter) und diejenigen meint, die sich ihr Arbeitseinkommen hart verdienen müssen (Ausgebeutete)? Statt »Proletarier aller Länder, vereinigt Euch!« müsste es dann heißen: »Lohnangestellte aller Länder, vereinigt Euch!« Jetzt wäre aber nicht mehr die »Bourgeoisie«, sondern das seelenlose, international transferierbare Kapital der Superreichen in aller Welt der neue Feind der Gesellschaften.

## Das politische Machtspiel ist neu eröffnet

Das politische Machtspiel ist damit neu eröffnet – Pikettys Buch liefert den Argumentationsunterbau. Der »europäische Salonsozialismus« findet im intellektuellen Amerika seine Fortsetzung. Wer hätte das nach dem Fall der Berliner Mauer 1989 und dem Zusammenbruch des Sowjetkommunismus gedacht? Die politischen Folgen des neuen Vordenkers Thomas Piketty, der in der Tradition der Französischen Revolution, von Karl Marx (auch wenn er sich selbst nicht als Marxist bezeichnet) und einer universell gebildeten französischen intellektuellen Szene steht, sind noch nicht absehbar, aber es gilt, wachsam zu bleiben.

Ansonsten gerät man womöglich in den Strudel eines Systemwandels, der dann noch mehr Ungleichheit schafft als bisher. Wie sagte angeblich so schön Mark Twain: »Geschichte wiederholt sich nicht, aber sie reimt sich.« Statt die Freiheiten des Kapitalismus nutzende Oligarchen hätten dann – im Extremfall – Funktionäre im neu belebten Zentralbüro wieder das Sagen (das können auch die gleichen Personen sein). Sie würden die Ungleichheit per Dekret (wie über Ukase in der früheren Sowjetunion) formal beseitigen.

De facto werden Bürger dann wieder »sozial betreute Untertanen« ohne wirtschaftliche Aufstiegschancen aus eigener Anstrengung. »Armut für alle« würde dann gelten, mit der Ausnahme führender Funktionäre. Das »Comeback des Sozialismus« nach dem fragwürdigen »Comeback des schrankenlosen Kapitalismus« in den frühen 1990er Jahren ist kritisch zu verfolgen. Die Alternative einer sozialen Marktwirtschaft mit »Wohlstand für alle« nach dem Konzept Ludwig Erhards wird von Thomas Piketty nicht einmal erwähnt (stattdessen der Rheinische Kapitalismus mit Staatsbesitz, der dem französischen Staatsverständnis ähnlicher war[126]). Nach den vielen Irrlehren der Geschichte hat sich die Ordnungspolitik einer sozialen Marktwirtschaft als besser erwiesen, auch wenn sie von interessierter Seite hierzulande teilweise abgeschafft wurde.

Der Hype um Pikettys Buch sollte Anlass sein, sich für die weitestmögliche politische und wirtschaftliche Freiheit der Bürger einzusetzen – ohne Bevormundung durch kapitalistische Oligarchen oder Funktionäre. Dies sichert auch die Funktionsfähigkeit unserer Demokratie, die der Gefahr ausgesetzt ist, von Interessengruppen – Wirtschaftskartellen und Sozialfunktionären – ausgehöhlt zu werden!

## Der Piketty-Hype: Der politische Diskurs steht erst am Anfang

Wird der Piketty-Hype schon bald wieder zu Ende sein? Dafür spricht wenig – selbst die heftige Kritik wird eher fördernd sein. Trotz all der vermeintlichen Datenfehler bleibt das durch geschicktes Marketing präsentierte Anliegen »diskutabel«: Angesichts Pikettys, wenn auch umstrittener Vorschläge einer Reichenbesteuerung spricht mehr dafür, dass eine notwendige Diskussion erst jetzt richtig beginnt und das ist gut so. Ein »Weiter so« in der Politik wäre verfehlt, die Auseinandersetzung mit Pikettys Thesen hätte schon zu Beginn der Finanzkrise 2007 erfolgen sollen. Denn neu sind seine Ansichten nicht, aber erst jetzt durch den Hype in den Vordergrund gerückt.

Sollten seine Thesen von den politischen Entscheidungsträgern aber genutzt werden, um die viel zu hohen Staatsschulden, die durch soziale Wohltaten entstanden sind, durch noch mehr Umverteilung, auch mit der Einführung von Vermögenssteuern, abzubauen, wäre nichts gewonnen. Im Gegenteil. Vermögenssteuern sind zu Recht umstritten, da sie durch den Eingriff in die Substanz die Wirtschaft strangulieren. Unternehmen würden wahrscheinlich in den Konkurs getrieben.

Statt die Umverteilung mit »Reichensteuern« auf die Spitze zu treiben, sollten die Chancen für niedrigere Einkommensempfänger verbessert werden. Niedrige Einkommensteuern (maximal auf dem Niveau der derzeitigen Kapitalbesteuerung), verbesserte Sparmöglichkeiten (Zinspolitik!) und Eigentum in Form von Unternehmensbeteiligungen und Immobilien verringern Ungleichheit.

Pikettys umstrittene Thesen sollten Anlass bieten für Reformen, wenn auch für ganz andere, als der französische Ökonom vorgeschlagen hat. Mit seiner Ungleichheitsthese hat Piketty die »Gerechtigkeitsfrage« wieder in den Mittelpunkt der politischen Auseinandersetzung gerückt. Doch der politische Diskurs rund um *Das Kapital im 21. Jahrhundert* steht erst am Anfang.

# Ausgewählte Literatur und Quellenangaben


Allaire, Yvan: Thomas Piketty is no Marxist, he's a Jacobin!, business.financialpost.com, 26.05.2014.

Courtois, Stéphane/Wehrt, Nicolas/Panné, Jean-Louis/Paczkowski, Andrzej/Bartosek, Karel/Margolin, Jean-Louis: Das Schwarzbuch des Kommunismus, München 1998.

Duray, Hervé: Un économiste obsédé par les inégalités, quebecoislibre.org, 15.09.2001.

Erhard, Ludwig: Wohlstand für alle, 8. Auflage Düsseldorf, 1964.

Erhard, Ludwig: Gedanken aus fünf Jahrzehnten, Reden und Schriften, hrsg. v. Karl Hohmann, Düsseldorf u. a. 1988.

Erlanger, Steven: Taking on Adam Smith (and Karl Marx), nytimes.com, 19.04.2014.

Flassbeck, Heiner: Libération: Eine deutsche Schule für Europa, flassbeck-economics.de, 21.05.2014.

Flassbeck, Heiner: Langfristig sind wir alle tot …, flassbeck-economics.de, 20.06.2014.

Flassbeck, Heiner/Spiecker, Friederike: Thomas Piketty und die Kapital-Einkommens-Relation: Much ado about nothing, flassbeck-economics.de, 29.04.2014.

Galbraith, John Kenneth: Der große Crash 1929, Ursachen, Verlauf, Folgen, München 2009.

Giles, Chris: Piketty findings undercut by errors, ft.com, 23.05.2014.

Goldsmith, Selma/Jaszi, George/Kaitz, Hyman/Liebenberg, Maurice: Size Distribution of Income since the Mid-Thirties, The Review of Economics and Statistics, Februar 1954.

Graw, Ansgar: Obama findet Wahlkampfthema in Reichensteuer, welt.de, 18.09.2011.

Häring, Norbert: Stimmt es, dass die lockere Geldpolitik auf Dauer gefährlich ist?, in: HB, 01.07.2014, S. 10.

Heuser, Uwe Jean: Thomas Piketty: Die Wahrheit über Arm und Reich, zeit.de, 29.05.2014.

Hülsmann, Jörg Guido: Es liegt nicht am Kapitalismus – das Grundübel unserer Zeit ist staatlicher Interventionismus, Der Hauptstadtbrief 122, 23.05.2014.

Janin, Carine: Piketty, célèbre économiste frenchie, entreprises.ouest-france.fr, 01.06.2014.

Jilch, Nikolaus: Thomas Piketty: Das Rockkonzert des Ökonomen, diepresse.com, 04.07.2014.

Keynes, John Maynard: The Economic Consequences oft the Peace, 1919 erschienen, New York 1920.

Keynes, John Maynard: The General Theory of Employment, Interest and Money, New York 1936.

Lauk, Kurt, J. (Hrsg.): Was würde Ludwig Erhard heute sagen? Stuttgart 2007.

Lorz, Stephan: Von Finanzoligarchen und Erbkapitalismus, BZ, 16.04.2014, S. 6.

Malingre, Virginie: L'économiste Thomas Piketty rouvre le débat sur les baisses d'impôts, Le Monde, 07.09.2001, S. 5.

Marx, Karl: Das Kapital. Kritik der politischen Ökonomie, Erster Band: Der Produktionsprozess des Kapitals, Hamburg 1867.

Minkmar, Nils: Zu Besuch bei Thomas Piketty: Der neue Star der Intellektuellenszene, faz.net, 07.05.2014.

Minsky, Hyman P.: John Maynard Keynes, Marburg 2007.

Misik, Robert, Hyman P.: Instabilität und Kapitalismus, Zürich 2011.

Robert Misik: Dem Teufel ein Schnippchen schlagen, taz.de, 16.05.2014

Piketty, Thomas: L'économie des inégalités, 6. Aufl., Paris 2008.

Piketty, Thomas: Capital in the Twenty-First Century, Cambridge/USA, 2014

Piketty, Thomas: Das Kapital im 21. Jahrhundert, München 2014 (vorauss.).

Piketty, Thomas: Das Kapital ist zurück, Interview mit Bastian Brinkmann, in sueddeutsche.de, 27.03.2014.

Piketty, Thomas: L'enjeu du 25 mai, changer l'Europe ou changer d'Europe? Le face-à-face Martin Schulz – Thomas Piketty, Le Nouvel Observateur, 01.05.2014, S. 86, S. 87.

Piketty, Thomas: Debate between Martin Schulz and Thomas Piketty, feps-europe.eu, 02.05.2014.

Piketty, Thomas: Globale Ungleichheit: Weshalb wir eine globale Vermögenssteuer brauchen, in Internationale Politik und Gesellschaft, http://www.ipg-journal.de/, 05.05.2014.

Piketty, Thomas: Das Kapital frisst die Zukunft, Interview mit Romain Leick, spiegel.de, 05.05.2014.

Piketty, Thomas, Interview mit Sudodh Varma, The Times of India, im4change.org, 11.05.2014.

Piketty, Thomas, Wir sollen alle Kapitalisten werden, Interview mit Sascha Lehnartz, welt.de, 12.05.2014.

Piketty, Thomas: Erbschaften gehören progressiv besteuert, Interview mit news.at, 01.06.2014.

Piketty, Thomas: Die politische Architektur der EU ist ein Monster, Interview von Marcus Gatzke und Marlies Uken, zeit.de, 25.06.2014.

Piketty, Thomas: Ich brauche das Geld nicht, Interview mit den taz-Redakteuren Reiner Metzger und Ulrike Herrrmann, taz.de, 25.06.2014.

Piketty, Thomas/Zucman, Gabriel: Capital is back: Wealth-Income Ratio in rich countries 1700-2010, London School of Economics and UC Berkeley, 18.02.2014.

Reinhart, Carmen M./Rogoff, Kenneth S.: This Time is Different. Eight Centuries of Financial Folly, New Yersey 2009.

Rudzio, Kolja: Thomas Piketty: Lebte schon Jesus im Kapitalismus?, zeit.de, 10.06.2014.

Schlippenbach, Luise Gräfin: Im Wandel stets dabei: Eine Zeitzeugin erinnert sich, München 2004.

Schmidt, Ingo: Thomas Piketty's Kapital im 21. Jahrhundert: Einladung zur Kapitalismus-Debatte, abrufbar unter www.alternative-wirtschaftspolitik.de, Mai 2014.

Schnaas, Dieter: Pikettys strittige Kapitalismus-Formel, wiwo.de, 27.04.2014.

Schnaas, Dieter: Die leidige Debatte um das Piketty-Buch, wiwo.de, 01.06.2014.

Sinn, Hans-Werner: Thomas Pikettys Weltformel, faz.net, 13.05.2014.

Steinfeld, Thomas: Thomas Pikettys Buch über Kapitalismus: Rendite schlägt Wachstum, sueddeutsche.de, 22.04.2014.

Stelter, Daniel: Systemwechsel statt Umverteilung, BZ, 10.06.2014, S. 7.

Tettamanti, Tito: Gesucht: Bürgerliche Tugend: Es mangelt nicht an Steuern, sondern an Moral, zeit.de, 22.05.2014.

Thibeaut, A. D.: An Executive Summary of Thomas Piketty's "Capital in the Twenty-First Century", North Charleston/USA, 2014.

Tocqueville, Alexis de: De la démocratie en Amérique, 2 Bände, Paris 1835/1840.

Welter, Patrick: Thomas Piketty: Ein Rockstar-Ökonom erobert Amerika, faz.net, 10.05.2014.

Wenzel, Robert: What Would Keynes Say About Thomas Piketty?, economicpolicyjournal.com, 20.05.2014.

Whittel, Giles: Thomas Piketty: the rock star economist who influences Obama, thetimes.co.uk, 07.05.2014.

# Glossar

**Ancien Régime**
Dieser französische Begriff bezeichnet bei einer großzügigen Interpretation die frühe Neuzeit in Europa bis zur Französischen Revolution von 1789; im engeren Verständnis die absolutistische Herrschaft der Bourbonen in Frankreich vom Ende des 16. Jahrhunderts bis zur Revolution.

**Belle Époque**
Die »schöne Epoche« bezeichnet die etwa drei Jahrzehnte von Mitte der 1880er Jahre bis zum Ausbruch des Ersten Weltkriegs 1914. Der auf Frankreich bezogene Begriff ist in Deutschland ungefähr mit der Jugendstilzeit vergleichbar.

**Fed**
Kurz für Federal Reserve System; das Zentralbank-System der Vereinigten Staaten von Amerika

**Finanzialisierung**
Ressourcenausbeutung und Umverteilung durch den zunehmenden Einfluss der Finanzmärkte.

**Gilded Age**
Das »Vergoldete Zeitalter« bezeichnet die nach Beendigung des Sezessionskriegs 1865 bzw. nach der Wiedereingliederung der Süd-

staaten ab 1877 einsetzende wirtschaftliche Aufschwungphase in den USA, die spätestens mit dem Ausbruch des Ersten Weltkriegs endete.

**Gini-Koeffizient**
Statistische Maßzahl für die Darstellung von Ungleichverteilungen. Je höher der Wert, desto ungleicher ist die Verteilung der Einkommen der Haushalte.

**Inflation**
Geldentwertung kann auch ein Ziel von Regierungen sein, um die Staatsschulden zu reduzieren.

**Kapitalrendite (r)**
Jährliche Rendite (r = *return on capital*) auf das eingesetzte Kapital. Der Anteil des Kapitaleinkommens am Volkseinkommen entspricht dem Kapital- (oder synonym Vermögen-)/Einkommens-Relation multipliziert mit der Verzinsung des Kapitals.

**Kapital**
Gesamtwert des Kapitals = Volksvermögen (Marktwert des gesamten Kapitals, das aus Realvermögen – z. B. Grund und Boden u. a. –, immateriellem Vermögen – z. B. Patente – und Finanzvermögen besteht, des Staates und von Privatpersonen) minus Schulden

**Kapital-Einkommens-Relation**
Gesamtwert des Kapitals (= Volksvermögen) des Staates und von Privatpersonen minus Schulden in Relation zum Volkseinkommen eines Jahres. Beträgt der Gesamtwert des Kapitals z. B. 600 und das Jahreseinkommen 100, so liegt das Verhältnis bei sechs bzw. 600 %.

**Pareto-Optimum**
Ein Zustand, in dem es nicht möglich ist, eine Eigenschaft zu verbessern, ohne eine andere zugleich verschlechtern zu müssen. Benannt nach Vilfredo Pareto (1848–1923).

**Progressive Einkommensteuer**
Einkommensbesteuerung mit einem zunehmenden Steuersatz. Mit steigendem Einkommen wächst die prozentuale Steuerlast.

**Progressive Erbschaftssteuer**
Der progressiven Einkommensteuer entsprechend wächst der Steuersatz mit der Höhe der Erbschaft.

**Sozialstaat**
Sicherung der Teilhabe der Bevölkerung am Wohlstand u. a. durch umverteilende Steuern, Sozialleistungen und Investitionen in Bildung.

**Sparquote (s)**
Die gesamte Ersparnis (s = *saving rate*) eines Landes (Bruttoersparnis der privaten Haushalte und Unternehmen minus Abschreibung auf den bestehenden Kapitalstock). Ein Vermögenszuwachs erfolgt nur bei einer über der Abschreibung liegenden Ersparnis.

**Staatspleite**
Einstellung der Zahlungen für die aufgenommenen Schulden durch einen Staat, die zu einer Enteignung der Gläubiger führt.

**Staatsschulden**
Nach Thomas Piketty sind Staatsschulden Folge einer falschen Verteilung des Volksvermögens zwischen Privaten und Staat.

**Stagflation**
Wortkombination, die das Zusammentreffen von (volkswirtschaftlicher) Stagnation und (gleichzeitiger) Inflation bezeichnet.

**Trente Glorieuses**
Bezeichnet die wachstumsstarken Jahre 1945 bis 1973, in Deutschland wird eher der Begriff »Wirtschaftswunder« verwendet, den Ludwig Erhard ablehnte.

**Vermögensabgabe**
Substanzsteuer auf Vermögen, z. B. zum Abbau zu hoher Staatsschulden.

**Vermögensverteilung**
Anteil des Gesamtkapitals bzw. Gesamtvermögens eines Staates in den Händen der ein bzw. zehn Prozent der vermögendsten Einwohner des Staates.

**Wirtschaftswachstum (g)**
Wachstum (g = *growth rate*) des jährlichen Bruttoinlandsprodukts (das u. a. durch das Wachstum der Bevölkerung, die Veränderung des Pro-Kopf-Volkseinkommens und damit durch den technischen Fortschritt bedingt wird).

# Abkürzungen

BIP = Bruttoinlandsprodukt
BverfG = Bundesverfassungsgericht
BZ = Börsenzeitung
CNRS = Centre national de la recherche scientifique
D = Deutschland
EHESS = École des Hautes Études en Sciences Sociales
EU = Europäische Union
F = Frankreich
FAS = Frankfurter Allgemeine Sonntagszeitung
FAZ = Frankfurter Allgemeine Zeitung
FT = Financial Times
GB = Großbritannien
HB = Handelsblatt
IWF = Internationaler Währungsfonds
Mio. = Million(en)
Mrd. = Milliarde(n)
SZ = Süddeutsche Zeitung

# Nachweise

1 siehe FAS, 11.05.2014, Nr. 19, S. 29.

2 ft.com, 23.05.2014.

3 Erhard, Wohlstand für Alle, S. 339.

4 www.whitehouse.gov/the-press-office/2011/12/06/remarks-president-economy-osawatomie-kansas.

5 http://www.heritage.org/issues/poverty-and-inequality.

6 Nr. 11 und Nr. 57, http://www.worldbank.org/en/news/press-release/2013/10/28/world-bank-group-president-kim-pope-francis-efforts-end-poverty; ferner: The World Bank Group Goals – End Extreme Poverty And Promote Shared Prosperity; http://www.worldbank.org/content/dam/Worldbank/document/WB-goals2013.pdf.

7 Capital in the Twenty-First Century, S. 573.

8 Vgl. Carine Janin: «Piketty, célèbre économiste frenchie», entreprises.ouest-france.fr, 01.06.2014.

9 theguardian.com, 13.04.2014.

10 Steven Erlanger, nytimes.com, 19.04.2014.

11 Hervé Duray, quebecoislibre.org, 15.09.2001.

12 Virginie Malingre, Le Monde, 7.9.2001.

13 im4change.org, 11.05.2014.

14 de.wikipedia.org/wiki/Piketty.

15 Zitiert nach Steven Erlanger, nytimes.com, 19.04.2014 (*"This sort of vaccinated me for life against lazy, anticapitalist rhetoric, because when you see these empty shops, you see these people queuing for nothing in the street, …, it became clear to me that we need private property and market institutions, not just for economic efficiency but for personal freedom."*).

16 Hervé Duray, quebecoislibre.org, 15.09.2001.

17 de.wikipedia.org/wiki/Piketty.

18 Kann wie sein Lebenslauf unter http://piketty.pse.ens.fr/en/cv-en abgerufen werden.

19 zeit.de, 29.05.2014.

20 Ebd.

21 Vgl. Ingo Schmidt, http://www2.alternative-wirtschaftspolitik.de, Mai 2014.

22 Siehe dazu http://pouruneunionpolitiquedeleuro.eu.

23 Vgl. Le Nouvel Observateur, 01.05.2014, S. 86, S. 87, feps-europe.eu, 02.05.2014.

24 faz.net, 10.05.2014.

25 faz.net, 10.05.2014.

26 Etwa von Yvan Allaire, business.financialpost.com, 26.05.2014.

27 Giles Whittel, 07.05.2014.

28 Dieter Schnaas, wiwo.de, 27.04.2014.

29 z.B. S. 100f.

30 Nikolaus Jilch, diepresse.com, 04.07.2014.

31 Vgl. Thomas Steinfeld, sueddeutsche.de, 22.04.2014.

32 Und vielen weiteren Werken, siehe die entsprechenden Internetseiten, ces.fas.harvard.edu, people.fas.harvard.edu mit seinen Werken und Lebenslauf.

33 welt.de, 12.05.2014.

34 faz.net, 10.05.2014.

35 Zitiert aus S. Lorz, BZ 16.04.2014, S. 6.

36 Nils Minkmar, faz.net, 07.05.2014.

37 Thomas Piketty, news.at, 01.06.2014.

38 Robert Misik: Dem Teufel ein Schnippchen schlagen, taz.de, 16.05.2014.

39 Thomas Piketty, news.at, 01.06.2014.

40 Vgl. Nicolas Wehrt, in: Das Schwarzbuch des Kommunismus, S. 51f.

41 Hans-Werner Sinn, faz.net, 13.05.2014.

42 spiegel.de, 05.05.2014.

43 Piketty, Capital in the Twenty-First Century (folgend: Piketty), S. 572f.

44 Interview, zeit.de, 25.06.2014.

45 1950, aus Kurt J. Lauk: Was würde Ludwig Erhard heute sagen?, S. 265.

46 John Maynard Keynes, The Economic Consequences oft the Peace, 1919, siehe dazu Robert Wenzel: What Would Keynes Say About Thomas Piketty?, economicpolicyjournal.com, 20.05.2014.

47 »Neid und Missgunst« als »deutsches Erbübel«, in: Gedanken aus fünf Jahrzehnten, S. 629.

48 Piketty, S. 35.

49 Vgl. Thibeault, An Executive Summary of Thomas Piketty's »Capital in the Twenty-First Century« (folgend: Thibeault), S. 6.

50 Thibeault, S. 7.

51 Piketty, S. 50ff.

52 taz-Interview, 25.06.2014.

53 Piketty, S. 101, Abb. 2.5.

54 Piketty, S. 53.
55 Piketty, S. 113.
56 Piketty, S. 53.
57 Thomas Steinfeld, sueddeutsche.de, 22.04.2014.
58 Piketty, S. 116 f.
59 Piketty, S. 340, 344.
60 Piketty, S. 116 f., Abb. 3.1 und 3.2.
61 Piketty, S. 141, Abb. 4.1.
62 Piketty, S. 340 f., Abb. 10.1 und 10.2.
63 Piketty, S. 344, Abb. 10.3.
64 Piketty, S. 147, Abb. 4.5.
65 Vgl. "Outrage at ›old Europe‹ remarks", news.bbc.co.uk, 23.01.2003.
66 Piketty, S. 151, Abb. 4.6.
67 Ebd.
68 Piketty, S. 160, Abb. 4.10.
69 Piketty, S. 349, Abb. 10.6.
70 Vgl. Piketty, S. 499 f.
71 Piketty, S. 499, Abb. 14.1.
72 Piketty, S. 503, Abb. 14.2.
73 Vgl. Piketty, S. 107 f.
74 Vgl. Thibeault, S. 27.
75 Vgl. Piketty, S. 149.
76 Vgl. Piketty, S. 97.
77 Vgl. Piketty, S. 143.
78 Piketty, S. 143, Abb. 4.2.
79 Vgl. Piketty, S. 138 f.
80 Piketty, S. 572.
81 Vgl. Piketty, S. 184.
82 Vgl. Piketty, S. 73, Tab. 2.1.
83 Piketty, S. 97, Abb. 2.3.
84 Vgl. Piketty, S. 357.
85 Piketty, S. 53.
86 Vgl. Piketty, S. 573.
87 Vgl. Piketty, S. 147.
88 Vgl. Piketty, S. 430 f.

89 »Das Kapital ist zurück«, in sueddeutsche.de, 27.03.2014.

90 Vgl. Piketty, S. 421, Abb. 11.11.

91 Vgl. Piketty, S. 425.

92 Piketty, S. 422.

93 Piketty, S. 534.

94 Vgl. Piketty, S. 572.

95 ft.com, 23.05.2014.

96 Zitiert jeweils aus »Thomas Piketty: Schwere Vorwürfe gegen den neuen Star-Ökonom«, faz.net, 24.05.2014.

97 Ebd.

98 Zitiert jeweils aus: Uwe Jean Heuser, zeit.de. 29.05.2014.

99 faz.net, 13.05.2014.

100 Siehe seinen Beitrag »The Macrobullshit problem«, http://www.blackswanreport.com/blog/2014/05/the-macrobullshit-problem/, 15.05.2014.

101 Vgl. Dieter Schnaas: »Die leidige Debatte ...«, wiwo.de, 01.06.2014.

102 Vgl. dazu und zur folgenden Kritik den lesenswerten Beitrag »Lebte schon Jesus im Kapitalismus?« von Kolja Rudzio, zeit.de, 10.06.2014.

103 Wirtschaftsweiser Bofinger wirft Piketty schwere Fehler vor, spiegel.de, 01.06.2014.

104 Flassbeck/Spiecker: »Thomas Piketty und die Kapital-Einkommens-Relation: Much ado about nothing«, 29.04.2014.

105 Flassbeck: »Langfristig sind wir alle tot ...», 20.06. 2014.

106 Jörg Guido Hülsmann, derhauptstadtbrief.de, 23.05.2014.

107 Siehe auch zeit.de, 10.06.2014.

108 »Buffett rechnet ab«, manager-magazin.de, 07.03.2004.

109 Ansgar Graw, welt.de, 18.09.2011.

110 Vgl. dazu Kolja Rudzio, zeit.de, 10.06.2014.

111 Zitiert aus S. Lorz, BZ, 16.04.2014.

112 S. Lorz, BZ, 16.04.2014.

113 Piketty, S. 35 und zeit.de, 10.06.2014.

114 Vgl. »Ist Kapitalismuskritiker Thomas Piketty am Ende schon entzaubert?«, kb, institutional-money.com, 24.06.2014.

115 BZ, 16.04.2014.

116 5,1–4, zitiert nach der Elberfelder Bibel 1871.

117 Galbraith: Der große Crash, S. 216; hinsichtlich der Daten verweist er auf Goldsmith: Size Distribution of Income ..., S. 16, 18.

118 Galbraith, S. 216.

119 Ebd., S. 216f.

120 Ebd., S. 217 ff.

121 Ebd., S. 219 ff.

122 Ebd., S. 222 f.

123 Daniel Stelter, BZ, 10.06.2014.

124 Siehe z. B. S. 572.

125 Vgl. Norbert Häring, HB, 01.07.2014, S. 10.

126 Piketty, S. 140–146.

# Stichwortverzeichnis

# Warum andere auf Ihre Kosten immer reicher werden

**Andreas Marquart I Philipp Bagus**

Deutschland hat wie alle Länder der Welt ein reines Papiergeldsystem, in dem neues Geld quasi aus dem Nichts entsteht. Andreas Marquart und Philipp Bagus zeigen spannend und für jeden verständlich, wie Geld entsteht und warum unser jetziges Geld schlechtes Geld ist. Der Leser erfährt, wie wichtig gutes Geld für eine Volkswirtschaft ist und welchen Einfluss schlechtes Geld auf jeden Einzelnen in der Gesellschaft hat.

192 Seiten I Broschur I 16,99 € (D) I ISBN 978-3-89879-857-0

# Des Bankers neue Kleider

**Anat Admati I Martin Hellwig**

In den letzten Jahren dominiert ein Thema die Schlagzeilen: die Finanzkrise und die maroden Banken. Und wer bezahlt, wenn mal wieder eine Bank aus dem Ruder läuft ? Die Sparer und die Steuerzahler! Trotzdem schaffen es die Bankmanager immer wieder, sich strengeren Reglements zu entziehen, und tischen dafür die aberwitzigsten Argumente auf. Anat Admati und Martin Hellwig untersuchen diese »modernen Märchen« und kommen eindeutig zu dem Schluss, dass es keineswegs notwendig ist, die Vorzüge des Systems zu opfern, um die Banken gesünder und sicherer zu machen.

528 Seiten I Hardcover I 24,99 € (D) I ISBN 978-3-89879-825-9

# Die Plünderung der Welt

**Michael Maier**

Noch nie in der Geschichte der Menschheit gab es eine derart gewaltige Umverteilung – von der Mehrheit der hart arbeitenden Menschen zu einer ganz kleinen Finanz-Elite. Eine neue Feudalherrschaft ist entstanden, die aus freien Bürgern globale Untertanen machen will. Michael Maier, unter anderem Preisträger bei der Wahl »Wirtschaftsjournalist des Jahres 2013«, zeigt in klarer und verständlicher Sprache die undurchsichtigen Machenschaften von Regierungen und Finanzwirtschaft auf. Das Buch ist ein Krimi und entwirft mit vielen neuen Perspektiven und überraschenden Erkenntnissen ein Panorama unserer globalisierten Welt.

288 Seiten I Hardcover mit Schutzumschlag I 19,99 € (D) I ISBN 978-3-89879-853-2